MW01613214

GRANDEZA DE SER MUJER

Enrique Villarreal Aguilar

GRANDEZA DE SER MUJER

México ◆ Miami ◆ Buenos Aires

Grandeza de ser mujer
© Enrique Villarreal Aguilar, 2009

Quarzo

D. R. © Editorial Lectorum, S. A. de C.V., 2009
Centeno 79-A, col. Granjas Esmeralda
C. P. 09810, México, D. F.
Tel.: 5581 3202
www.lectorum.com.mx
ventas@lectorum.com.mx

L. D. Books Inc.
Miami, Florida
sales@ldbooks.com

Lectorum, S. A.
Buenos Aires, Argentina
ventas@lectorum-ugerman.com.ar

Primera edición: julio de 2009
ISBN: 978-607-457-033-5

© Portada: Perla Alejandra López Romo

Características tipográficas aseguradas conforme a la ley.
Prohibida la reproducción parcial o total sin autorización
escrita del editor.

Impreso y encuadernado en México.
Printed and bound in Mexico.

GRANDEZA DE SER MUJER

Introducción, aforismos, historias y pensamientos sobre la mujer escritos o seleccionados por Enrique Villarreal Aguilar.

A la Virgen María, Madre de Dios, mujer que supo inspirar grandeza y fomentar el amor a Dios, principio, motivo y razón de nuestra existencia.

Con todo mi amor, a dos mujeres que se han cruzado en mi destino. La primera me dio las bases de lo que soy, me legó su ejemplo y dedicación, y el día que partió de esta vida se llevó parte de mi corazón. Gracias, mamá (Sonia Aguilar Pérez, q. e. p. d.)

La segunda llegó justo cuando más la necesitaba, brindándome su amor, amistad, comprensión e inspiración (Leticia Lechuga C.): te amo, pequeña, y, aunque llevamos quince años de casados, mi amor sigue creciendo día a día.

Sin ellas hubiera sido imposible recopilar y escribir esta obra; mi respeto, mi amor y mi gratitud a estas dos grandes mujeres.

A las mujeres, como un tributo de admiración por ser el gran milagro de Dios.

A las grandes mujeres de todos los tiempos, que han luchado contra todos los infortunios y han sabido sobreponerse, ocupando un lugar en la historia. Gracias por permitirme poner un poco de lo mucho que le han aportado al mundo.

Enrique Villarreal Aguilar[1]

---

[1] De aquí en adelante, las historias, frases y pensamientos escritos por Enrique Villarreal Aguilar aparecerán firmados con sus iniciales E. V. A. [N. del E.]

Introducción

Hubo una vez una gran mujer que, llegada de un pequeño poblado a una gran ciudad, sola y con varios hijos, tenía una gran responsabilidad: sacarlos adelante.

Esta gran mujer, en lugar de dejarse vencer, caer en la depresión o abandonar a sus seres queridos, no se dejó derrotar, sino todo lo contrario, luchó incansablemente para avanzar.

Un día, desesperada por que la vida no le dejaba ninguna esperanza, fue a buscar trabajo y le dijo a un secretario de Estado de una gran nación: si en este momento usted no me da trabajo, me quito la vida. El funcionario le dio empleo.

Cada año se entregaba un reconocimiento al mejor empleado de esa dependencia. Es fácil saber quién siempre se ganaba tal distinción. Efectivamente, aquella gran mujer, quien les dio todo a sus hijos, a base de privaciones, y logró forjarles un futuro hasta que se convirtieron en profesionistas.

Su amor, al realizar bien las cosas y dar lo mejor de sí misma, hacía que llegara dos horas antes a su trabajo y saliera una hora después. Apoyaba a sus compañeros en todo lo que podía y, a pesar de que muchos entraban y salían de esa institución, ella logró permanecer muchos años, hasta el día en que la muerte la alcanzó por llegar antes a su trabajo. Un fuerte temblor sacudió la ciudad y ella se encontró entre los escombros.

Sea éste un pequeño tributo a la mujer más grande que he conocido: mi madre.

Y sea también un tributo a todas las madres que han hecho un esfuerzo sobresaliente para que sus hijos salgan adelante, que han luchado contra el infortunio y la miseria, que han dado lo mejor de sí mismas para que sus pequeños pudieran tener aquello que ellas no tuvieron y con lo que la vida no les favoreció.

Ellas son la base de un gran pueblo, de una gran nación, que, a base de sacrificios, lograron forjar, uno a uno, el puntal de correctos principios que hicieron a los grandes héroes de la humanidad, quienes no hubieran existido sin sus presencias.

Muchos grandes hombres y mujeres fueron rechazados desde su infancia, pero gracias a esas mujeres tenaces se ha emprendido un mejor mañana. Gracias a madres como las de Einstein, Edison, Picasso, Mozart, y a otras de niños que fueron sobajados, se lograron grandes cambios; si ellas no hubieran sido tenaces, en estos momentos no existiría la lámpara incandescente, los avances de la energía, grandes obras.

Sea éste un tributo a la Mujer que ha coadyuvado a profundas transformaciones en la humanidad y sin cuya presencia no existiría lo más vital, su inspiración para formar amor, soñar y fomentar el cambio.

¿Qué seríamos sin la Mujer? Nada. ¿Cuántas obras de arte quedarían inconclusas, cuánta música no se tocaría, cuántos ideales se hubieran quedado en sueños y cuántas quimeras no se hubieran reflejado en poemas?

Definitivamente, Dios, después de crear al hombre, pensó en algo ideal e hizo su obra perfecta, la Mujer.

Mujeres poetas, escritoras, conquistadoras, espías, cosmonautas, líderes, presidentas, guías, madres, libertadoras, son algunos de los ejemplos a los que hacemos alusión y que no sólo han inspirado, sino actuado en pos de un mundo mejor.

Gracias, Dios, por habernos dado la felicidad en forma de Mujer, por todas aquellas mujeres que ahora están en sus hogares esperando tomar su gran rol dentro de la sociedad, que luchan día a día para escribir su nombre con letras de oro en cada uno de los obeliscos que atavían la sociedad.

Grandeza de ser mujer.

SER MUJER

Es más que cinco letras, es algo más que estar en casa, cuidar a los niños y ser la sombra del hombre.

Es ser el centro de la naturaleza. Es dar a luz ideas, principios, valores, sueños, esperanzas y, por supuesto, al pequeño que será el futuro de la sociedad.

Es ser creadora de un hogar, una empresa, un negocio, una sociedad más justa, una nueva visión y una nueva manera de ver un panorama optimista del mundo.

Es forjar a los líderes del mañana con base en valores de orden superior; que hagan de ellos una esperanza promisoria de las futuras generaciones.

No es vivir atrás del hombre, es aspirar a estar al lado de él e, incluso, delante. Es ser capaz de romper los más profundos paradigmas y decir: "Delante de un gran hombre siempre habrá una gran mujer".

Es comprender su rol como madre, como esposa, como directiva, como profesionista, como ser que fue dotada de amor, comprensión, alegría y pasión, y se constituye como el centro de su hogar, su nación y el universo.

Es defender sus ideas, tejer las redes de una sociedad igualitaria, cocinar principios correctos para soluciones justas y sazonar una mejor manera de vivir.

Es percibir los dones con que la dotó Dios. Es luchar contra la mediocridad, la abulia, la rutina, el miedo, el conformismo y la incomprensión.

Es comprender que su futuro depende de ella y no de los demás; que en su interior se fraguan las batallas más duras de la vida y que de ahí emana la fuerza con que conquistará el cosmos.

Es una necesidad que se requiere ante las nuevas expectativas de la humanidad, que precisan los hogares, el firmamento y Dios.

E. V. A

No te dejes derrotar. La mujer es la nueva perspectiva del entorno actual que ha resquebrajado tabúes y paradigmas. Tiene derecho a ser feliz y el libre albedrío para elegir su destino y alcanzar sus más anhelados sueños. Éste es el tiempo de la mujer; demuestra tu grandeza, vuela en busca de tu nueva identidad en pos de un mundo justo, mejor e igualitario.

La mujer debe escribir su nombre con letras de oro en los grandes escenarios de la humanidad, ya que logró plasmar su nombre, de manera indeleble, en nuestros corazones a través de nuestras madres.

E. V. A

En el corazón de toda mujer hay una chispa de fuego celestial que yace dormido en la amplia luz de la prosperidad, pero que se enciende, luce y arde en la oscura hora de la adversidad.

Washington Irving

En cuanto se concede a la mujer la igualdad con el hombre, se vuelve superior a él.

Margaret Thatcher

Nunca permitas que tu cabeza se incline. Nunca te des por vencida y te sientes a llorar. Encuentra otra manera. Y no reces cuando llueve, si no lo haces cuando brilla el sol.

Satchel Paige

———————————— ∞∝ ————————————

Indira Priyadarshini Gandhi (1917-1984). Primera ministra de la India desde el 19 de enero de 1966 hasta el 24 de marzo de 1977, y desde el 14 de enero de 1980 hasta su asesinato, el 31 de octubre de 1984. Fue una estratega y pensadora política brillante. Ocupaba la posición más elevada en una sociedad que todavía era muy patriarcal, y sus acciones continuamente demostraron su fuerza. Utilizó todos los medios a su disposición para consolidar su poder y autoridad como primera ministra. ∞

Me voy a la cama

Mamá y papá estaban mirando la televisión cuando mamá dijo:

—Estoy cansada, es tarde, me voy a la cama.

Fue a la cocina a preparar bocadillos para el día siguiente. Puso en remojo los recipientes de las palomitas, sacó la carne del congelador para cenar al día siguiente, supervisó si quedaban cereales, llenó el azucarero, colocó las cucharas y los platos del desayuno en la mesa y dejó preparada la cafetera.

Introdujo la ropa húmeda en la secadora, la sucia en la lavadora, planchó una camisa, cosió un botón, recogió los juguetes, puso a cargar el teléfono y guardó la guía telefónica.

Regó las plantas, ató la bolsa de basura y tendió una toalla.

Bostezó, se desesperó y se fue al dormitorio.

Se paró un momento para escribir una nota a la maestra, contó el dinero para la excursión y cogió un libro que estaba debajo de la silla.

Firmó una felicitación para un amigo y escribió la dirección en un sobre, escribió una nota para el festejado y colocó todo junto a su bolso.

Mamá a continuación se lavó la cara con unas toallitas, se puso crema antiarrugas, se lavó los dientes y las manos.

Papá gritó:

—Pensaba que te ibas a dormir.

—En eso estoy —dijo ella.

Dio una ojeada a los niños, les apagó las luces y la televisión, recogió una camiseta, tiró los calcetines a las cestas de ropa y habló con uno de ellos que estaba haciendo todavía los deberes.

En su habitación puso el despertador, preparó la ropa para el día siguiente, ordenó perfectamente el zapatero.

A la lista de seis cosas urgentes añadió tres y visualizó cómo alcanzar sus propios objetivos. En ese momento papá apagó la televisión y anunció:

—Me voy a la cama.

Y lo hizo sin otros pensamientos.

Anónimo

Ser mujer es preguntarse: ¿porqué las mamás son los seres más queridos de la familia? Simplemente porque dan todo a cambio de nada y se preocupan por un sinnúmero de detalles de los seres que aman, están pendientes de todo lo que necesitan, convirtiéndose así, en el centro del hogar.

Bien podría decirse que el éxito de la familia es directamente proporcional a la gran mujer que existe en el hogar.

E. V. A.

Sin mujer al lado no puede el hombre ser en verdad perfecto.

Ariosto

¡Arriesga! ¡Arriesga lo que sea! Que ya no te importen las opiniones de los demás, sus voces. Realiza aquello que te sea más difícil. Obra por ti mismo. Afronta la verdad.

Katherine Mansfield

Aspira a la perfección en todo, aunque sea inalcanzable. Los que la persiguen y perseveran se le aproximarán más que aquellos cuya pereza y desaliento los hacen abandonarla por inalcanzable.

Lord Chesterfield

———————————— ❧❦ ————————————

Juana de Arco (1412-1431), también conocida como la Doncella de Orleans, fue una heroína y santa francesa. Su festividad se celebra el día del aniversario de su muerte, como es tradición en la Iglesia Católica, el 30 de mayo. Encabezó el ejército real francés. Convenció al rey Carlos VII de que expulsaría a los ingleses de Francia y éste le dio autoridad sobre su ejército en el sitio de Orleans, la batalla de Patay y otros enfrentamientos en 1429 y 1430. Estas campañas revitalizaron la facción de Carlos VII durante la Guerra de los Cien Años y permitieron la coronación del monarca. ∞ ——————————

BARRO EN TUS MANOS

—¡Manolito, ven a ayudarme a poner los cubiertos en la mesa para comer! —gritaba una mujer cuando estaba terminando la comida.

—¡Ay, mamá!, no puedo; está lo más interesante de mi programa.

—Mary, hija, ayúdame a prepara la mesa.

—¡Ay, mamá!, mi amiga Diana necesita un consejo y no le puedo colgar.

—Raúl, por favor, ayúdame.

—¡Vieja, estoy cansado de trabajar! Déjame ver la televisión.

La mujer se angustia por lo sucedido y se cuestiona: "¿Dios mío, qué habré hecho para que nadie me ayude? ¡Dame una respuesta!"

A los cinco minutos se escucha una voz:

—¡Hola! ¿Me llamabas?

—¿Quién eres tú? —contestó asombrada ella.

—Dios, ¿no me llamaste?

—¡No, para nada!

—Hace rato dijiste: "¿Dios mío, qué habré hecho para que nadie me ayude? ¡Dame una respuesta!"

—¿Eso dije yo? —preguntó ella.

—Claro. ¿Cuáles son tus problemas?

—Es que me siento sola, Señor, nadie me ayuda.

—¡Pero tú has ocasionado todo! —dijo Dios.

—¡Yo no he hecho nada! —exclamó ella.

—¡Claro que sí —refutó Dios!—. Yo te di varias facultades y tú no las has implementado bien, la mujer no sólo tiene la magia de dar vida, también puede dar luz y moldear a sus seres queridos por el camino correcto, pero muchas no lo han hecho bien. ¿Acaso, tú no le dices a tu hijo cosas como éstas?:

- Los niños no deben hacer nada, eso es para las niñas; cuando te cases, que lo haga tu esposa.
- ¡Cómo un hombre va a guisar!
- No tiendas la cama ni hagas el aseo, eso es labor de mujeres.
- Hijo, le pegaste a otro niño y le dijiste de majaderías! Hiciste bien, para que vean quién manda.
- A mi hijo nadie lo corrige, para eso tiene a su madre.

"¡Tú lo hiciste así! Si el niño se comporta de esa forma, es simplemente porque ha seguido las reglas que tú has establecido para los hombres.

"No te extrañe que el día de mañana no haga nada en su hogar ni en la vida; que se la pase insultando a sus semejantes por todo lo que no ha sabido hacer, culpando a todos de su mediocridad, cuando el único que ha originado todo es él; que crezca con antivalores que lo lleven al conformismo; que se eche a perder su vida; que sea un mentiroso.

"¿Acaso tú no le dices a tu hija cosas así?:

- Mi reina, muñeca, princesa, eres lo más bello que existe en el mundo.

◆ ¡Qué bonita eres, hija! Nadie te merece.

◆ Fulanita de tal es así y tiene tantos defectos; nadie tiene tus cualidades.

◆ ¡Qué feas amigas tienes, hija! Sólo tú eres bella.

◆ No hagas nada, pequeña, para eso estoy yo.

◆ No hagas el aseo, que lo hagan las sirvientas.

◆ ¿Ya observaste cómo se comporta y cómo viste ésta u otra amiga o determinado familiar? Ja, ja, ja.

"Tú has hecho de tu hija una princesa y ésas sólo existen en ciertos países y se comportan mejor que tu hija y hasta son menos presumidas.

"No te extrañe que el día de mañana se divorcie, porque nadie soporta a las princesas que no hacen ni saben hacer nada; que no tenga amigas, porque todas son inferiores a ella; que las critique; que no atienda a su esposo ni sepa comunicarse con él. ¿Cómo una reina se va a sobajar ante un súbdito?

"¿Acaso tú no le dices a tu esposo?:

◆ Mi amor, no hagas nada en la casa, para eso estoy yo.

◆ ¡No guises!, no te vayas a quemar o te vayas a hacer menos hombre.

◆ Deja que yo me encargue de mi hogar y tú de tu trabajo.

"Has hecho de tu esposo un macho que no levanta ni un traste ni ayuda en el hogar, porque eso no es cosa de hombres.

"No te extrañe que el día de mañana no te quiera ayudar en nada en el hogar; que sólo observe cómo haces el aseo sin cesar, mientras él ve en la televisión su partido de futbol; que te vea apurada y el esté descansando; que no haya comunicación entre ambos, porque quedó claro su rol de problemas: tú el hogar y él su trabajo, si es que trabaja".

—Tienes razón, Señor, yo le he dado esa forma a mi familia —y las lágrimas empezaron a salir de su rostro.

—Hija, tienes en la familia barro en tus manos y puedes moldearlo para bien o para mal; en ti está la decisión. Pero no llores —contestó Dios—, te di también la facultad del cambio, y éste es el momento para que se inicien las nuevas reglas del hogar, donde todos ayuden y cooperen en algo, donde exista la comunicación antes que el reproche, donde se den los cimientos del respeto, trabajen en equipo, donde todos asuman las consecuencias de lo que hicieron, y que estas consecuencias sean positivas.

—Gracias, Señor, jamás me imaginé que la educación que damos en el hogar fuera tan trascendente en el futuro de nuestros hijos, nuestra felicidad, actitudes, comportamiento y logros en la vida.

E. V. A.

Las grandes naciones se forman en los detalles que se forjan en los pequeños hogares; es ahí donde la mujer va a plasmar los valores bajo los cuales se van a constituir los principios rectores de la sociedad. La madre juega un papel muy importante en la forma de pensar de su familia; bien se podría decir que detrás de un gran país siempre existirán grandes mujeres.

E. V. A.

Por sus frutos los conoceréis.

San Mateo, 7, 20
La Biblia

Para lograr aquello que vale la pena tener, puede que sea necesario perder todo lo demás.

Bernadette Devlin

Puedes sentirte desilusionado si fallas, pero estás condenado si no lo intentas.

Beverly Sills

— ∞𝒞𝑅 —

Nefertiti (c. 1370 a. C.-c. 1330 a. C.), una gran reina de la XVII dinastía de Egipto, Gran Esposa Real de Ajnatón. Su nombre egipcio se traduce como Belleza de Atón, la bella ha llegado. Su belleza fue legendaria, pero tras su imagen sublime, parece que su papel político y religioso en el desarrollo de la experiencia amarniana fue fundamental. ∞ —

SUEÑA

Sueña, sueña con el milagro de la vida, en la que eres el principal protagonista, ya que fuiste elegido entre millones de seres que no alcanzaron a contemplar la grandeza de un nuevo ser en la faz de la tierra.

Sueña que eres un ser perfecto, naciste para escalar montañas y alcanzar las estrellas, para enfrentar los retos y vicisitudes de la vida, para amar y hacer felices a todos los que te rodean.

Sueña y avanza serenamente sin que te arredres ante la mediocridad, el conformismo y la indiferencia; no permitas que la abulia se apodere de ti; cuando logres erradicar estas actitudes de tu vida, podrás observar el umbral del éxito.

Sueña que eres una persona única; entre todos los cientos de millones de seres que hay en la humanidad no hay uno igual a ti. Puedes realizar todo lo que te propongas, si así lo deseas, porque eres dueña de tu mente, tu cuerpo, tus acciones y emociones.

Sueña y recuerda que no debes permitir jamás la sobreestimulación y adulación excesiva, ya que producen tóxicos que envenenan el alma y te alejan del sendero de la humildad, que es el camino para llegar a Dios. No permitas que los éxitos de ayer te hagan caer en el sopor del aliciente para continuar en busca de tu misión existencial.

Sueña que hoy te permitirás sonreír, ser amable y agradable con tus semejantes; que tendrás un día de paz interior y armonía, arrancando de lo más profundo de tu ser aquellas penas que no te permiten ser feliz y cambiando deliberadamente todo pensamiento negativo hacia un pensamiento positivo.

Sueña... El ayer quedó atrás, ya se enterró; sólo queda el hoy en armonía con el futuro. Tú naciste para triunfar, para observar desde la cumbre más alta el bello panorama que le ofrece la naturaleza a los triunfadores.

Sueña y ten fe en Dios, para que te dé el poder de escoger con certeza tu destino y no te preocupes por caer; todos tenemos que tropezar alguna vez, antes de llegar a la meta u objetivo anhelado; esfuérzate para que tus caídas se conviertan en experiencias y no en derrotas.

Sueña y procede ahora mismo, no hay tiempo qué perder; mientras el mediocre duerme, debes ir en busca de tu destino, recordando estas palabras "procederé en este instante"; y cuando te sientas tentada a renunciar, recordarás: "procederé en este instante".

Y cuando el fin del día llegue, reflexiona para mantener las actitudes correctas, da gracias al Señor por darte la oportunidad de disfrutar otro hermoso día, reza con la creencia de que las oraciones sinceras pueden envolver, con el amor y la protección de Dios, a todos los seres que amamos, y recuerda que los sueños de hoy llevados a la acción son las realizaciones del mañana.

Sueña.

E. V. A.

Ser mujer es tener la oportunidad de soñar y empezar a forjar el destino que desea para el mañana. Ser mujer es un buen momento para hacer a un lado las malas actitudes y formar un sinnúmero de valores que la proyecten por el sendero del éxito y le permitan transitar por el camino de la paz, la armonía y la prosperidad. Ser mujer es fantasear y aterrizar esos sueños en una agradable realidad.

E. V. A.

No ames lo que eres, sino lo que puedes llegar a ser.

Miguel de Cervantes Saavedra

Las cosas pequeñas, hechas con gran amor, traen felicidad y paz.

Madre Teresa de Calcuta

El juego de la vida es como un juego de búmeran. Nuestros pensamientos, acciones y palabras regresan a nosotros con increíble precisión.

Anónimo

—————————— &ɔʆ ——————————

Madre Teresa de Calcuta (1910-1997). En 1946 fundó la congregación religiosa Misioneras de la Caridad, dedicada al servicio de los más pobres entre los pobres, con la que visitó a las familias, lavó las heridas de algunos niños. Al inicio de los años sesenta comenzó a enviar a sus hermanas a otras partes del mundo. Creó los Colaboradores de la Madre Teresa y los Colaboradores Enfermos y Sufrientes. Numerosos premios, comenzando por el indio Padmashri en 1962 y siguiendo, de modo mucho más notorio, el Premio Nobel de la Paz en 1979, hicieron honra a su obra.

Toda la vida y el trabajo de la Madre Teresa fueron testimonio de la alegría de amar, de la grandeza y de la dignidad de cada ser humano. ∽ ——————————

EN VIDA, HERMANO, EN VIDA

Si quieres hacer feliz
a alguien que quieras mucho,
díselo hoy, sé muy bueno…
en vida, hermano, en vida.

Si deseas dar una flor,
no esperes que mueran,
mándala hoy con amor…
en vida, hermano, en vida.

Si deseas decir "te quiero"
a la gente de tu casa,
al amigo, cerca o lejos…
en vida, hermano, en vida.

No esperes a que muera
la gente para quererla
y hacerle sentir tu afecto…
en vida, hermano, en vida.

Tú serás muy feliz
si aprendes a hacer felices

a todos los que conoces…
en vida, hermano, en vida.

Nunca visites panteones
ni llenes tumbas de flores,
llena de amor corazones…
en vida, hermano, en vida.

Ana María Rabatté

Ser mujer es atreverse a dar lo mejor de sí misma sin esperar nada a cambio, a romper resentimientos, a concluir con los malos entendidos y no esperar a que un acontecimiento fatal una dos destinos. Ser mujer es dar en vida todo aquello que muchos no se atrevieron y, cuando lo hicieron, de nada sirvió, porque la persona amada ya falleció.

E. V. A.

Siembra semillas de optimismo y amor y cosecharás mañana los frutos de la alegría y la felicidad.

Anónimo

El mejor consejo lo da la experiencia; lástima que llegue siempre demasiado tarde.

Marlot de la Houssaye

Lo mejor que le puedes dar a tu enemigo es perdón; a un oponente, tolerancia; a un amigo, tu corazón; a tu hijo, un buen ejemplo; a un padre, deferencia; a tu madre, una conducta que la haga sentirse orgullosa de ti; a ti mismo, respeto; a todos los hombres, caridad.

Francis Maitland Balfour

───────── ℰↃℂℛ ─────────

Lucila de María del Perpetuo Socorro Godoy Alcayata (1889-1957) fue una destacada poetisa, diplomática y pedagoga chilena que, bajo el seudónimo de Gabriela Mistral, destacó de forma especial en la literatura. Fue la primera latinoamericana y la primera mujer en su especialidad en ganar el Premio Nobel de Literatura, en 1945. ∞ ─────────────────────

∞

HOY SOY MUJER

Hoy recogí mi orgullo y comprendí que soy una mujer con valores y digna de ser apreciada, amada, respetada, querida y admirada por mis semejantes, jamás sobajada ni humillada por los demás.

Hoy lavé las manchas que dejaron antiguos rencores, viejas enemistades, falsos orgullos que me alejaron del camino del amor, la amistad y la comprensión.

Hoy sequé las lágrimas que brotaron por aquellas personas que me hicieron sufrir, por aquellos momentos de angustia y aquellos que no supieron valorar mis sentimientos; a esa mujer, que tiene la capacidad de amar y brindar su amistad incondicionalmente y ayudar a sus semejantes.

Hoy tiré a la basura los pensamientos que me limitaban y me hacían pensar que no valía, no era digna, no era capaz, no podía, no sabía.

Hoy enjuagué los recuerdos que me impedían ser, limpié los paradigmas que me esclavizaban, sometían, obligaban a pensar de acuerdo con las conveniencias de otros y no me dejaban ser feliz.

Porque hoy soy mujer y soy capaz de amar, luchar por la justicia, hacer que me respeten, lograr mis ideales, ir en busca de mis sueños y demostrarle al mundo mis potencialidades.

Con todas mis irreverencias y cualidades, con todas mis presunciones y descocos, con todos mis acatamientos y favores, con todos mis encantos y fervores, con todos mis sueños e ilusiones.

Soy mujer con defectos y cualidades, pasiones, encantos, desilusiones, buenas y malas aptitudes, niña, mujer, madre, amiga, esposa, amante, compañera.

Soy una mujer capaz de alcanzar hasta los más imposibles ideales; luchar sin descanso para cumplir mis metas; inspirar las locuras que han cambiado al mundo.

Soy el principio de la grandeza de la nación, soy la mano que mece la cuna, que arrulla el futuro de la humanidad; soy el mástil que enarbola la bandera de la esperanza, de una nación digna, capaz y próspera. Soy positiva, alegre, disciplinada, optimista y hasta un poco economista. Soy triunfadora, capaz, soñadora, exitosa.

Tengo una nueva visión del mundo, me beneficio de una nueva imagen y ganas de conquistar el mundo, de demostrar mi valía y emprender un viaje a la felicidad. Pero lo más preciado que poseo es que tengo la bendición ser mujer.

Lety Lechuga

La mujer es el principio del cambio que queremos ver en la sociedad. Cuando las mujeres tomen su rol el mundo, éste dará una vuelta de 180 grados en forma positiva. Atrévete a confiar en ti, lucha incansablemente por tus sueños, no te dejes derrotar y emprende una nueva visión de lo que deseas ser y se cumplirá. Sé mujer, sé grande.

E. V. A.

Nadie puede hacerte sentir inferior sin tu consentimiento.

Eleanor Roosevelt

El primer paso para cambiar es el deseo fervoroso de querer cambiar.

E. V. A.

Nunca sabemos cuán altos somos hasta que se nos pide levantarnos. Y si entonces somos fieles a nuestro intento, nuestra estatura tocará el cielo.

Emily Dickinson

En la mitología griega, Pandora fue la primera mujer, hecha por orden de Zeus. La humanidad había tenido una vida totalmente armoniosa en el mundo, pero Pandora abrió el ánfora que contenía todos los males (caja de Pandora), liberando todas las desgracias humanas (la vejez, la enfermedad, la fatiga, la locura, el vicio, la pasión, la plaga, la tristeza, la pobreza, el crimen, etc.). Pandora cerró la caja justo antes de que la esperanza saliera y corrió hacia los hombres para decirles que no estaba todo perdido, que aún les quedaba la esperanza. ∞——

∞

LA VIDA ME ENSEÑÓ

La vida me enseñó a decir "te amo" el día de hoy, y no cuando la persona amada ya falleció.

La vida me enseñó que para disfrutar cada edad de mis hijos hay pocos instantes, por lo que ahora es un buen momento para besar, acariciar y estrechar con toda mi fuerza a mis pequeñitos.

La vida me enseñó que una rosa vale más cuando una persona está viva que de atavío en un panteón.

La vida me enseñó que lo que no realice hoy, mañana no existirá.

La vida me enseñó a disfrutar todos los momentos de solaz y esparcimiento con mis seres queridos, ya que no se repetirán y jamás regresarán ni las mismas personas, ni las mismas edades, ni los mismos detalles.

La vida me enseñó que más vale una lágrima de felicidad por un agradable reencuentro que una vida llena de frustraciones por tantos malos entendidos.

La vida me enseñó que éstos son los segundos para disfrutar, gozar y embelesarte con los milagros que te regala la naturaleza.

Me enseñó a caminar descalzo, a ignorar las palabras de los que lloran, critican y se quejan de todo; a decir "te quiero", a culminar mis objetivos, a tener buenos y malos modales, a llorar sin tener temor del "qué dirán".

Me enseñó a protestar por aquello en lo que no estoy de acuerdo, a entristecerme con mi pequeño cuando perdió su partido de futbol, a ser un niño, a realizar un sinnúmero de boberías, a cometer errores, comer muchos dulces y a mojarme bajo la lluvia.

Y me enseñó a extrañar a mi madre, a amar a mis hijos, a adorar a mi pareja, a perdonar a mis semejantes, a perdonarme a mí misma, a querer a mi familia con todos nuestros errores, y a dar gracias a Dios por cada día, por darme el privilegio de vivir.

E. V. A.

Ser mujer es atreverse a triunfar, a ser feliz, a romper paradigmas, a protestar, a disfrutar, a llorar, a realizarse día a día con la profunda convicción de que es una persona con un sinnúmero de cualidades que la trasladarán al mundo de la realización, plasmando su esencia y dejando una huella inmanente en su camino por la vida.

E. V. A.

Las palabras frías congelan a la gente y las palabras cálidas la encienden; las palabras amargas la amargan y las palabras con furor la enfurecen; las palabras dulces la enternecen y producen su propia imagen en las almas de los hombres, que se refle-

jan en el hombre mismo, apaciguan, confortan y cambian a quien las escucha.

Blaise Pascal

La mano que mece la cuna es la mano que gobierna al mundo.

W. R. Wallace

Lo que siembres en la vida, lo cosecharás.
Sembramos nuestros pensamientos y cosechamos nuestras acciones.
Sembramos nuestras acciones y cosechamos nuestros hábitos.
Sembramos nuestros hábitos y cosechamos nuestro carácter.
Sembramos nuestro carácter y cosechamos nuestro destino.

Anónimo

———————————— ❧❦ ————————————

Margaret Hilda Thatcher (1925), conocida como la Dama de Hierro. Fue elegida primera ministra del Reino Unido en 1979, cargo que ejerció hasta 1990. Además de haber sido la única mujer en ejercer dicha función, la ocupó por el periodo más largo que se conoce, aunado a que ha sido una de las dos únicas mujeres en liderar un partido político importante en esa nación y en ser titular de una de las cuatro Great Offices of State (puestos principales de un gobierno). Es una de las políticas más significativas de la historia reciente tanto en el Reino Unido como en el resto del mundo. ❧————————

∞

Mujeres con valor

En una breve conversación, un hombre le pregunta a una mujer:

—¿Qué tipo de hombre estás buscando?

Ella se quedó un momento callada antes de verlo a los ojos y preguntarle:

—¿En verdad quieres saber?

—Sí.

Ella empezó a decir:

—Siendo mujer de esta época, estoy en la posición de pedirle a un hombre lo que yo sola no puedo hacer por mí. Yo pago todas mis facturas. Yo me encargo de mi casa sin la ayuda de un hombre. Yo estoy en la posición de preguntar: ¿qué es lo que tú puedes aportar a mi vida?

El hombre se le quedó viendo. Claramente pensó que ella se estaba refiriendo al dinero.

Ella, sabiendo lo que él estaba pensando, rápidamente dijo:

—No me estoy refiriendo al dinero. Yo necesito algo más. Necesito a un hombre que luche por la perfección en todos los aspectos de la vida.

Él cruzó los brazos y, mirándola, le pidió que le explicara. Ella dijo:

—Yo busco a alguien que luche por la perfección mental, porque yo necesito a alguien con quién conversar y que me estimule mentalmente.

"Yo no necesito a alguien mentalmente simple. Quiero a alguien a quién admirar y que me admire por mí misma.

"Yo estoy buscando a alguien que luche por la perfección espiritual, porque yo necesito a alguien con quién compartir mi fe en Dios.

"No necesito a un hombre que luche por la perfección financiera, porque yo no necesito un cargo financiero.

"Yo necesito a alguien suficientemente sensible para que comprenda por lo que yo paso como mujer en la vida, pero suficientemente fuerte para darme ánimos y no dejarme caer.

"Yo estoy buscando a alguien a quien yo pueda respetar. Para poder ser sumisa, yo debo respetarlo, y que me respete por lo que valgo. Yo no puedo ser sumisa con un patán.

"Yo no tengo ningún problema con ser sumisa, simplemente él tiene que merecérselo.

"Dios hizo a la mujer para ayudar al hombre.

"Yo no puedo ayudar a un hombre que no se puede ayudar a sí mismo, pero sí a uno que también luche por ayudarse. Intercambiar ideas para encontrar soluciones.

"Yo busco a un hombre sensible y con buenos sentimientos, porque él conocerá mis sentimientos con sólo ver mis ojos. Busco ternura".

Cuando terminó, ella lo miró a los ojos, mientras él se veía muy confundido y con interrogantes.

Él le dijo:

—Estás pidiendo mucho.

Ella le contesto:

—Yo valgo mucho.

Sylvette Rivera

Ser mujer es aspirar a grandes alturas, a magnos sueños, a colosales ilusiones que la impulsen en pos del éxito y la motiven para seguir creciendo día a día. Ser mujer es encontrar un hombre que la valore, que la respete, que la ame, le otorgue el justo lugar que merece y busque, junto con su pareja, el sendero de la felicidad.

E. V .A.

Cambia tus pensamientos y cambiarás tu mundo.

Norman Vincent Peale

Las cosas más hermosas del mundo no pueden ser vistas, ni siquiera tocadas. Deben ser sentidas con el corazón.

Hellen Keller

La mujer es el reposo del guerrero.

Friedrich Nietzsche

———————————— ✠ ————————————

Hellen Keller (1880-1968) nació en Tuscumbia, Alabama, Estados Unidos. Cuando tenía diecinueve meses de edad, se quedó ciega y sorda. A pesar de sus discapacidades, aprendió a leer y a escribir. Estudió en el Radcliffe Colleg y se graduó con honores. Publicó su primer libro, *La historia de mi vida*, en 1902.

Hay una calle dedicada a ella en la localidad española de Getafe y una escuela para ciegos en Santiago de Chile lleva su nombre. ∞ ————————————

LA CAJA DE BESOS

Hace ya tiempo, un hombre castigó a su pequeña hija de tres años por desperdiciar un rollo de papel dorado para envoltura. El dinero le era escaso en esos días, por lo que explotó con furia cuando vio a la niña tratando de envolver una caja.

A la mañana siguiente, la niña regaló a su padre la caja envuelta y le dijo:

—Esto es para ti, papito.

Él se sintió muy avergonzado; sin embargo, cuando abrió la caja y la encontró vacía, otra vez gritó con ira:

—¿Acaso no sabes que cuando se le da un regalo a alguien, se supone que debe haber algo dentro?

La pequeña volteó hacia arriba su hermosa carita y con lágrimas en los ojos le dijo:

—Papito, ¡no está vacía! Yo soplé besos dentro de esa caja y todos son para ti.

El padre se sintió morir; rodeó con sus brazos el pequeño cuerpo de su hija y le suplicó que lo perdonara.

El hombre guardó esa caja dorada cerca de su cama por años y siempre que se sentía derrumbado, tomaba de ella un beso que le recordaba el amor que su hija había depositado tiempo atrás ahí.

Anónimo

Ser mujer es tener un espíritu sensible y ver un detalle donde otros no han podido tener el toque divino que inspire la grandeza y logre transformar una mente reacia en un ser lleno de bondad y ternura. Ser mujer es soplar besos que den un toque de alegría donde antes hubo rencores y frustraciones.

E. V. A.

Sé amable con la persona insignificante en tu camino hacia la cúspide, ya que quizá vuelvas a encontrarte con ella en la derrota.

Milla Halihan

Dejemos las mujeres bonitas a los hombres sin imaginación.

Marcel Proust

No dejes ir los segundos, con ellos se van las horas, los días, los años... y la vida misma.

Anónimo

———————— ✂ ————————

Marie Curie (1867-1934), física y química polaca, posteriormente nacionalizada francesa. Pionera en el campo de la radiactividad, fue la primera persona en recibir dos Premios Nobel y la primera mujer en ser profesora en la Universidad de París. Fundó el Instituto Curie en París y en Varsovia. ⌘ ————————————

⌒⌒

LA MAESTRA

El día de su graduación como maestra, Geny se prometió que iba a ser la mejor maestra que hubiera existido, cosa que no fue real, porque, con el transcurso de los años, ya no quiso saber nada de los niños. Ella trabajaba realmente porque necesitaba el dinero y si los niños la entendían, bien, y si no la entendían, peor para ellos.

La media del grupo era su misión; los niños rezagados, como Jonathan, no eran su problema; ella no podía hacer más por ellos.

Jonathan era la clase de niño que no podían soportar las maestras: juguetón, inquieto, no hacía bien sus deberes y en ocasiones hasta se dormía en clase.

"¿Qué clase de maestra podía soportar a un niño como éste?", se preguntaba Geny constantemente.

En una ocasión le preguntaron a los maestros qué opinaban sobre cada niño. Geny, sin ningún remordimiento, expresó lo que sentía: "Jonathan es un niño que no hace bien sus deberes, es inquieto, juguetón y en ocasiones se duerme en clase. No le deseo este niño ni a mi peor enemiga".

A los niños les preguntaron lo mismo sobre la maestra, y los niños dieron su respuesta, las que quedaron guardadas en los archivos de la dirección.

El tiempo transcurría y Jonathan persistía en su forma de actuar; la maestra ya no soportaba más. Varias veces llamó a los papás y éstos no hacían tanto caso.

Un día, Jonathan se cayó del escritorio y no se levantó. La maestra, asustada, corrió a la dirección e informó a su superior; llamaron a la ambulancia y a los padres, quienes acudieron inmediatamente y llevaron en pocos minutos al niño al hospital.

La maestra siguió impartiendo su clase y no preguntó lo sucedido con aquel pequeño.

Los días pasaron y la maestra se sentía un poco más relajada, pues ya no estaba Jonathan; aquel niño que se había vuelto detestable le quitaba mucho tiempo.

Sin embargo, los días seguían corriendo y Jonathan no aparecía. Los remordimientos empezaban a cruzar por la mente de la maestra.

El niño detestable ya no lo era tanto.

"¿Qué habrá pasado con él? ¿Cómo estará Jonathan?"

Había momentos en que extrañaba sus ocurrencias y la chispa que desplegaba en el salón, así que decidió hablar con la directora para preguntarle por Jonathan y ésta le dijo que la esperara en la dirección, que ahí platicarían.

Ex profeso, la directora dejó las hojas de los comentarios de los niños sobre la maestra cerca de donde estaba sentada. La curiosidad le ganó a ésta y notó que la mayoría de los niños se expresaban así de ella: "La maestra es regañona, nos obliga a estudiar demasiado, quiere que siempre estemos quietos y callados, nos deja demasiada tarea y olvida que somos niños y que nos comportamos como niños".

Sin embargo, cuando leyó la opinión de Jonathan, se dio cuenta de que era diferente: "La maestra está muy bonita. Yo la quiero mucho, porque con ella soy feliz, me puedo expresar tal como soy y creo que ella también me quiere".

Después de leer estas palabras, la maestra se puso a llorar. ¿Cómo era posible que aquel niño que ella tanto maltrataba, con calificaciones de seis y cinco puntos, opinara así?

Cuando llegó la directora, se sintió peor, porque la primera le comentó que aquel niño que la maestra no quería estaba en el hospital, víctima de leucemia.

Después de que terminó la clase, fue al hospital a verle y lo encontró dormidito, quieto, sin hacer ninguna travesura.

Los padres se le acercaron y le dijeron:

—Gracias maestra por venir, desde que el niño se cayó del pupitre no ha despertado. ¿Sabe?, Johnny siempre expresaba maravillas de usted y sabíamos que no le podía fallar.

—Disculpen ustedes, pero yo sí le fallé al niño —dijo la maestra—; yo no merecía tanto amor.

En ese momento, Johnny abrió los ojos y contempló a su madre. Vio de reojo a la maestra y rápidamente la abrazó y, después de un beso en la mejilla, le dijo:

—Te quiero, *miss*.

Ella lloró junto con el niño y comprendió lo que es ser maestro. Se dio cuenta de que ser maestro es más que enseñar escritura, historia y matemáticas. Es entender a los niños, comprenderlos y dejarlos disfrutar su esencia.

Que ser maestro no es gritar, sino aconsejar. No es exigir, sino apoyar. No es corregir, sino entender. No es tolerar, sino amar.

Ese día, Geny dio un gran paso para ser la mejor maestra que ha existido.

Hoy es un buen día para comprender y ser un poco mejores.

E. V. A.

Ser mujer es comprender su rol dentro de la sociedad; es cambiar el pensamiento común a un pensamiento excelso y guiar con amor, ternura y comprensión a los niños, futuro del mundo, impulsándolos hacia una sociedad igualitaria, justa y próspera. Ser mujer es sembrar una esperanza, un ideal, una ilusión en la humanidad.

E. V. A.

No se nace mujer, se llega a serlo.

Simone de Beauvoir

Es un raro y alto privilegio el poder estar en la posición de ayudar a la gente a comprender la diferencia que pueden hacer, no sólo en sus propias vidas, sino en las de otros, simplemente dando algo de sí.

Helen Boosalis

Cuenta tu jardín por las flores, nunca por las hojas caídas. Cuenta tus días por las horas doradas y olvida las penas habidas. Cuenta tus noches por estrellas, no por sombras. Y goza tu cumpleaños, contando tu edad por amigas, no por años.

Anónimo

—————————————— ഇൗരു ——————————————

Hipatia de Alejandría (c. 370-415) fue una filósofa y maestra neoplatónica que destacó en los campos de las Matemáticas y la Astronomía. También fue miembro y líder de la escuela neoplatónica de Alejandría a comienzos del siglo V. Seguidora de Plotino, desdeñaba el misticismo y se centró en estudios lógicos y ciencias exactas.

Mujer entregada, en pleno, al pensamiento y la enseñanza, los movimientos feministas la han mostrado como paradigma de *mujer liberada.* ഗ ——————————————

∽

Un copo de nieve

—Dime cuánto pesa un copo de nieve —le pidió una ardilla a una paloma.

—Nada —fue la respuesta.

—En ese caso, te voy a contar una historia —le dijo la ardilla.

—Estaba yo sentada en la rama de un pino, cerca de su tronco, cuando empezó a nevar suavemente, sin violencia y sin viento. Como si fuera un sueño.

"Como no tenía nada mejor qué hacer, me puse a contar los copos de nieve que se posaban en las hojas de la rama en que yo estaba; el número exacto fue 3,741,952.

"Cuando el copo número 3,741,953 se posó sobre la rama, como tu dijiste, el copo no pesa nada, pero sí ya que la rama se rompió".

Habiendo dicho eso, la ardilla se fue.

La paloma, siendo toda una autoridad en la materia desde la época de Noe, se puso a pensar acerca de la historia durante un rato y finalmente se dijo a sí *misma:* "Quizá sólo falta la voz de una persona para que la paz llegue al mundo".

Anónimo

Ser mujer es alzar la voz, sumarse a otras mujeres para romper la rama de los malos entendidos y protestar por tantas vejaciones que han sufrido a través de los tiempos. Refutar e indignarse por las mujeres desaparecidas, ultrajadas, difamadas, menospreciadas, prostituidas, poniendo fin a las atrocidades a las que han sido expuestas por siglos, y tomar su verdadero lugar dentro de la sociedad.

E. V. A.

Amor, tu significado es "mujer".

E. V. A.

La escultura ya está en las rocas antes de que el cincel haya sido levantado. Todas las cualidades que decía desarrollar ya están en mí. Sigo trazando mi camino hacia la grandeza.

Carleen Franklin y Sarah LaPlant

Si hay luz en el alma, habrá belleza en la persona;
si hay belleza en la persona, habrá armonía en el hogar;
si hay armonía en el hogar, habrá orden en una nación;
si hay orden en una nación, habrá paz en el mundo.

Anónimo

La papisa Juana (822-857). Cuenta la historia de una mujer que usurpó el papado católico escondiendo su identidad sexual. El pontificado de la Papisa se suele situar entre el 855 y el 857, que, según la lista oficial de papas, correspondió a Benedicto III, en el momento de la usurpación de Anastasio el Bibliotecario. Otras versiones afirman que el propio Benedicto III fue la mujer disfrazada y otras dicen que aquel periodo se dio entre 872 y 882, es decir, en el del papa Juan VIII. ∞————————

❧

CON EL TIEMPO APRENDÍ...

Con el tiempo aprendí... que no es más amigo aquel que te acompaña todos los días que aquel que está cuando lo necesitas.

Con el tiempo aprendí... que más vale un minuto de reflexión que horas de amargura.

Con el tiempo aprendí... que hoy es una realidad que hay que gozar en toda su plenitud; mañana es una quimera, un frenesí, una ilusión.

Con el tiempo aprendí... que es en mi mundo interior donde se fragua el cambio que necesito para conquistar el mundo exterior.

Con el tiempo aprendí... que una sonrisa abre más puertas que los más grandes diplomados en relaciones públicas y humanas.

Con el tiempo aprendí... que un buen acto es mejor que ir a confesarse todos los días.

Con el tiempo aprendí... que un beso hace más eco que el ruido de un cañón.

Con el tiempo aprendí... que el pan que se comparte sabe más sabroso y te hace mejor digestión.

Con el tiempo aprendí... que cuando un bebé te atrapa con sus manitas, también se queda con tu corazón.

Con el tiempo aprendí... que es mejor olvidar un malentendido, que vivir con el recuerdo de todos los detalles que pude dar y que se quedaron guardados por el resentimiento.

Con el tiempo aprendí... que cuando un ser querido muere, tu corazón se marchita y se lleva consigo parte de tu ser.

Con el tiempo aprendí... que el perdón es una bendición para los demás, pero el mejor regalo que te puedes dar a ti mismo.

Con el tiempo aprendí... que Dios se manifiesta a través de hechos y no a través de palabras.

Y aprendí que la cobija que les des a tus padres va a ser la misma con la que tus hijos te van a cobijar a ti.

Y aprendí que cada uno hace el camino en el andar de su destino.

Y aprendí que estar enamorado es la más bella de las locuras.

Y aprendí que la sonrisa desdentada de mi viejita es la luz que le da fulgor a mi espíritu.

Y aprendí a extrañar a los que se han ido, a jugar como un niño bajo la lluvia, a perdonarme a mí mismo cuando alguien me ofende, a compartir sin esperar nada a cambio, a hablar aunque no me hablen, a felicitar aunque no me feliciten, a llorar aunque me vean, a soñar en los imposibles y a amar en toda su plenitud a esos chiquillos que alumbran con sus pequeños cuerpecitos los grandes momentos de mi existir.

E. V. A.

Ser mujer es apelar a que sus principios internos la motiven e impulsen y le den la fuerza necesaria para conquistar el cosmos y todos los sueños externos que se presenten en su existir, apelando a la idea de que la victoria privada precede a la victoria pública y que jamás se podrán recoger frutos sin antes haber raíces.

E. V. A.

No es posible vivir con estas malditas mujeres, pero tampoco sin ellas.

Aristófanes

Siempre es necesario tratar de superarse a uno mismo; este oficio debe durar toda la vida.

Cristina

Si haces planes para un año, siembra arroz. Si los haces para dos lustros, planta árboles. Si los haces para toda la vida, educa a una persona.

Proverbio chino

───────────── ✽✦✽ ─────────────

Diana (1961-1997), princesa de Gales, esposa del príncipe Carlos de Inglaterra. Conocida internacionalmente como Lady Di y la Princesa del Pueblo, apareció en muchos actos en favor de los sectores más marginados de la sociedad, ayudó a los más pobres, enfermos terminales y niños con cáncer. Su bondad trascendió fronteras y fue siempre considerada una madre ejemplar. Tras su muerte hubo propuestas de canonización que, finalmente, se desestimaron. ∞ ———————————————————————

∽

LA NUERA Y LA SUEGRA

Hace mucho tiempo, una joven china llamada Lee se casó y se fue a vivir con el marido y la suegra.

Después de algunos días, no se entendía con ella.

Sus personalidades eran muy diferentes y Lee fue irritándose con los hábitos de la suegra, que frecuentemente la criticaba.

Los meses pasaron y Lee y su suegra cada vez discutían más y peleaban.

De acuerdo con una antigua tradición china, la nuera tiene que cuidar a la suegra y obedecerla en todo.

Lee, no soportando más vivir con la suegra, decidió tomar una decisión y visitar a un amigo de su padre.

Después de oírla, él tomó un paquete de hierbas y le dijo:

—No deberás usarlas de una sola vez para liberarte de tu suegra, porque ello causaría sospechas. Debes darle varias hierbas que irán lentamente envenenando a tu suegra. Cada dos días pondrás un poco de estas hierbas en su comida.

"Ahora, para tener certeza de que cuando ella muera nadie sospechará de ti, deberás tener mucho cuidado y actuar de manera muy amigable. No discutas, ayúdala a resolver sus problemas. Recuerda, tienes que escucharme y seguir todas mis instrucciones al pie de la letra".

Lee respondió:

—Sí, señor Huang, haré todo lo que me pida.

Lee quedó muy contenta, agradeció al señor Huang y volvió muy apurada para comenzar el proyecto de asesinar a su suegra.

Pasaron las semanas y, cada dos días, Lee servía una comida especialmente preparada para su suegra.

Siempre recordaba lo que el señor Huang le había recomendado sobre evitar sospechas y así controló su temperamento, obedecía a la suegra y la trataba como si fuese su propia madre.

Después de seis meses, la casa entera estaba completamente cambiada. Lee había controlado su temperamento y ya no aborrecía a su suegra, al contrario, fue tomándole cariño.

En esos meses no había tenido ni una discusión con ella, que ahora parecía mucho más amable y alguien con quien era más fácil lidiar.

Las actitudes de la suegra también cambiaron y ambas pasaron a tratarse como madre e hija.

Un día, Lee fue nuevamente a visitar al señor Huang para pedirle ayuda y le dijo:

—Querido señor Huang, por favor, ayúdeme a evitar que el veneno mate a mi suegra. Ella se ha transformado en una mujer agradable y la amo como si fuese mi madre. Estaba equivocada, no quiero que ella muera por causa del veneno que le di.

El señor Huang sonrió y señaló con la cabeza:

—Señora Lee, no tiene por qué preocuparse. Su suegra no ha cambiado, la que cambió fue usted. Las hierbas que le di eran vitaminas para mejorar su salud.

El veneno estaba en su mente, en su actitud, pero fue echado fuera y sustituido por el amor que pasaste a darle a ella.

Leyenda china

Ser mujer es entender a sus semejantes con sus diferencias y afinidades, con sus gustos y disgustos, con sus aciertos y aberraciones, en el entendido de que no todos podemos ser iguales, pero todos podemos aportar mucho a la humanidad con un espíritu optimista, lleno de comprensión y amor.

E. V. A.

La mujer adora al hombre igual que el creyente adora a Dios, pidiéndole todos los días algo.

Enrique Jardiel Poncela

La persona que ama a los otros también será amada.

Proverbio chino

El plantar es opcional, pero la cosecha es obligatoria, por eso ten cuidado con lo que plantas.

Proverbio chino

───────────── ഇ൙ര ─────────────

Atenea o Atena, en la mitología griega, es la diosa de la sabiduría, la estrategia y la guerra justa. Considerada una mentora de héroes y adorada desde tiempos muy antiguos como patrona de Atenas. En los mitos clásicos nunca tuvo consorte o amante, y por ello a menudo era conocida como Atenea Partenos ("la Virgen"). Fue asociada por los etruscos con su diosa Menrva y, posteriormente, por los romanos con Minerva. ∽──────────

Quince años

Querida hija —le decía un señor regocijado a su pequeña de quince años—, hace quince años y ocho meses recibimos tu madre y yo una de las noticias más bellas de nuestra existencia, cuando el doctor, para nuestra sorpresa, nos dijo: "Jóvenes, un nuevo ser compartirá la felicidad en su hogar".

Aquel día siempre lo tendré presente, pues ha sido uno de los más bellos en nuestra existencia. Recuerdo que no podía creerlo, "un bebé, ¡un bebé!, ¡voy a ser papá!", exclamé mientras mis ojos y los de tu mamá se cargaron de lágrimas.

Los meses transcurrían y el vientre de tu madre se abultaba, mientras los sueños y las ilusiones crecían día a día, al compás de esos hermosos nueve meses, en los que nuestra casa se llenó de pequeñas ropitas, hermosos y tiernos juguetes, pero, sobre todo de un gran amor.

Y llegó el día tan esperado, la fecha de nuestro encuentro, en el que te abracé por primera vez, donde tus ojos y hermosa sonrisita colmaron de felicidad a un señor agradecido a la vida. En ese momento me sentí tan feliz. Un reencuentro entre Dios y yo se daba mientras te sostenía con enorme ternura entre mis brazos gritando: "¡Fue una niña!, ¡fue una hermosa niña! Gracias, Dios".

Aquel bebé ahora cumple quince años, en los que hemos vivido momentos de alegría, tristeza, amor, desamor, en los que el mundo de la fantasía nos ha llevado a visitar los lugares más fascinantes a través de nuestros sueños. Sin embargo, eso cambió, la fantasía es ya una realidad, aquel pequeño capullo acaba de florecer en una hermosa mujer en la que vemos plasmadas nuestras ilusiones.

Hija, la confianza, la motivación, la perseverancia, la ética, la equidad, el buen juicio, el respeto a ti misma, a quienes te rodean, el amor y la amistad son algunos de los valores que se te han inculcado y que has llevado como puntal de tu vida; consérvalos siempre contigo, el futuro seguro te esperará alegre y con los brazos abiertos para alcanzar cualquier anhelo, por más grande que sea.

Mi pequeñita, eres ahora toda una señorita; sin embargo, no dejarás de ser para mami y para mí aquel bebé que un día llegó recién nacido a los brazos de tus papás, mientras las lágrimas llenaban de alegría nuestros rostros y nos decían: "¡Felicidades, acaban de ser papás de una hermosa niña!".

E. V. A.

Ser mujer es brindar una esperanza de alegría a los seres que la rodean; ser mujer es despertar sueños de realización que nos in-

viten a una vida plena de fe, amor, regocijo y prosperidad; ser mujer es fraguar en su interior los principios que le harán culminar sus objetivos y que la llevarán a la construcción de sus ideales.

E. V. A.

La intuición de una mujer es más precisa que la certeza de un hombre.

Rudyard Kipling

Si quieres que tu vida tenga sentido, sal y haz algo al respecto.

Mary Louise Wiley

En el rocío de los pequeños detalles, el corazón humano encuentra el frescor de sus mañanas.

Gibrán Jalil Gibrán

———————————— ∞∞ ————————————

Isabel I (1533-1603), Elizabeth en inglés, a menudo conocida como la Reina Virgen fue reina de Inglaterra e Irlanda. Nunca contrajo matrimonio, lo que la volvió famosa, y un culto creció alrededor de ella, manifestado en retratos, desfiles y literatura de la época. Durante su reinado, de cuarenta y cuatro años y 127 días, el cuarto más largo de la historia inglesa, Inglaterra tuvo un gran esplendor cultural. ∞ ————————————

⌖ SUELTA LAS LLAVES

Jenny pensó que sus padres no le darían permiso para irse de fiesta con unos amigos, de manera que les mintió y les dijo que iba al cine con una compañera.

Aunque se sintió un poco mal, porque no les dijo la verdad, tampoco le dio muchas vueltas al asunto y se dispuso a divertirse.

La *pizza* estuvo bien y la fiesta genial. Al final, su amigo Pedro, que ya estaba medio borracho, la invitó a dar un paseo, pero primero quiso dar una fumadita.

De repente, Pedro comenzó a propasarse. Eso no era lo que Jenny quería del todo.

"Tal vez mis padres tienen razón", pensó, "quizá soy muy joven para salir así. ¿Cómo pude ser tan tonta?".

—Por favor, Pedro —dijo—, llévame a casa, no me quiero quedar.

Molesto, Pedro arrancó el carro y comenzó a conducir a toda velocidad. Jenny, asustada, le rogó que fuera más despacio, pero mientras más le suplicaba ella, más pisaba el acelerador él.

De repente vio un gran resplandor.

—¡Oh, Dios, ayúdanos! ¡Vamos a chocar!

Ella recibió toda la fuerza del impacto, todo de repente se puso negro. Aún consciente, sintió que alguien la sacó del carro retorcido y escuchó voces:

—¡Llamen a la ambulancia! Estos jóvenes están en problemas.

Le pareció oír que había dos carros involucrados en el choque.

Despertó en el hospital viendo caras tristes.

—Estuviste en un choque terrible —dijo alguien.

En medio de la confusión se enteró de que Pedro estaba muerto.

A ella misma le dijeron:

—Jenny, hacemos todo lo que podemos, pero parece ser que te perderemos a ti también.

—¿Y la gente del otro carro? —preguntó Jenny llorando.

—También murieron —le contestaron.

Jenny rezó: "Dios, perdóname por lo que he hecho, yo sólo quería una noche de diversión".

Y, dirigiéndose a una de las enfermeras, pidió:

—Por favor, dígale a la familia de los que iban en el otro carro que me perdonen, que yo quisiera regresarles a sus seres queridos. Por favor, enfermera, ¿les podrá decir esto de mi parte?

"También dígales a mi mamá y a mi papá que lo siento, porque mentí, y que me siento culpable porque varios hayan muerto".

La enfermera se quedó callada como una estatua. Instantes después, Jenny murió.

Un hombre cuestionó entonces a la enfermera:

—¿Por qué no hizo lo posible para cumplir la última voluntad de esa niña?

La enfermera miró al hombre con los ojos llenos de tristeza y le dijo:

—Porque la gente en el otro carro eran su papá y su mamá que habían salido a buscarla.

Anónimo

Ser mujer es tener el valor de decir la verdad, por más problemas que pueda tener como consecuencia de sus actos; ser mujer es ser capaz de hacer que los demás la respeten, cuidando hasta el último momento su dignidad como mujer, en la pauta de que el hombre llega hasta donde la mujer se lo permite.

E. V. A.

Si no dices la verdad sobre ti mismo, no puedes decirla sobre otras personas.

Virginia Woolf

Si no puedes decir nada bueno acerca de alguien, siéntate aquí junto a mí.

Alice Roosevelt Longworth

Sé cortés con todos, pero intima con pocos y haz buena prueba de esos pocos antes de brindarles tu confianza. La amistad ver-

dadera es una planta que crece con lentitud y que debe sufrir y soportar los golpes de la adversidad antes de merecer el nombre.

Anónimo

─────────────── ℰℜ ───────────────

Michelle Bachelet Jeria (1951) es la primera mujer electa presidenta en la historia republicana de Chile. Es médica de profesión, con estudios de posgrado en Ciencias Militares, y dominio de los idiomas inglés, alemán, francés y portugués. A pesar de las dramáticas circunstancias que vivían el país y su familia, prosiguió sus estudios y actividades. Fue designada ministra de Salud y la primera mujer en ser nombrada ministra de Defensa. ℘ ─────

∞

DOLORES DE LA VIDA

Una joven se sentía deprimida, porque había terminado con su novio. Estaba tan mal que deseaba dejar de vivir.

Su madre, al verla en esa situación, le dijo:

—Sabes, hija, la vida a veces nos da muchos dolores, pero hay que tener la fortaleza para combatirlos.

"Cuando murió tu padre, yo tampoco quería seguir viviendo, pero hubo una personita que me dio una lección. ¿Sabes quién fue? Tú.

"Yo no podía decaer, porque tú me necesitabas y tenías que crecer triunfadora y darte lo que requerías para crecer sana y fuerte.

"Hay veces en que la vida te da lecciones amargas, como un despido, una ruptura matrimonial, el desengaño de una pareja, un amor frustrado, un sueño truncado o tan sólo un mal día.

"Pero nada, nada ni nadie, te puede detener, porque tú vales más que cualquier imponderable. Aprende a escuchar lo que te dice la vida, hasta de los malos momentos.

"Un despido simplemente te dice que debes aplicarte más en tu siguiente trabajo, prepararte más, tener una mejor actitud y aptitud, demostrándole al mundo tu valía.

"Una ruptura matrimonial te indica que no era la pareja que te merecía; sin embargo, puedes rehacer tu vida, soñar con el amor y comenzar a vivir todo aquello que antes habías idealizado.

"Un desengaño te manifiesta que la otra persona se perdió lo más valioso de la vida y lo que eres tú; porque él podrá encontrar muchas parejas, pero ninguna que tenga tu capacidad para amar, fantasear y hacer sentir a la persona amada. Esa persona es muy difícil de encontrar.

"Un sueño truncado no quiere decir que ya se terminó; simplemente es el primer paso de lo que será la realización de ese sueño. Recuerda que las caídas nos dan las mejores lecciones y siempre aprendemos más de un fracaso que de un éxito. En aguas prósperas cualquiera puede navegar, pero en aguas turbulentas sólo los buenos marineros demuestran su grandeza.

"Un mal día como quiera se resuelve con un buen día, siempre y cuando actúes con espíritu optimista.

"Un amor frustrado simplemente fue alguien que no te pertenecía y la vida te está preparando para que llegue a ti el amor real, el que te va a dejar soñando, por el que vas a llorar de felicidad, por el que vas a volar sin tener alas y el que te hará sentir mariposas en el estómago.

"Los dolores que te presenta la vida van a ser eco por muchísimo tiempo; todos nos dejan un hueco vacío en nuestro corazón y nos hacen susceptibles al dolor, pero no puedes dejar que éstos te dominen porque hay algo más grande en ti, una fuerza interna que te invita a que te reconozcas más grande que el destino, porque tienes la capacidad:

◆ de amar y hacer felices a todos los que te rodean.

◆ de ayudar a los que necesitan ser ayudados en sus momentos de tristeza.

◆ de sonreír y alumbrar con tu hermosa sonrisa a aquellas personas que entran en contacto contigo.

◆ de brindar amistad y cubrir, con ese manto, a las personas que necesitan de ese cobijo.

◆ de llenar con pequeños grandes detalles tu corazón y el de tu familia.

◆ de perdonar y aprender a perdonarte a ti misma.

◆ de dejar volar y esperar el retorno del amor.

"Recuerda que eres una personita que nació para triunfar, producto de dos seres que se amaban intensamente.

"Eres lo más grandioso que hay en la vida y la vida te necesita, para sonreír, para mojarte bajo la lluvia, para amar a quien merece ser amado, para triunfar, para ser una excelente profesional en lo que decidas, para hacer travesuras, para llorar de felicidad, para gozar la naturaleza, para ayudar a los que te necesitamos; como yo te necesito a ti, porque tú eres el sol que ilumina mi vida".

E. V. A.

Ser mujer es afrontar los dolores de la vida, no evadirlos ni temerles, sobreponiéndose a los pesares e imponderables que le presenta el destino, ya que la mujer es mucho más fuerte que éstos y en su interior se halla la fortaleza que la llevará a escalar los más altos peldaños, que la transportarán a ocupar un lugar preferencial en la historia.

E. V. A.

Un poco de la fragancia se queda en la mano que da rosas.
Proverbio chino

Una madre no es una persona en quien apoyarnos, sino alguien para hacer del apoyo algo innecesario.
Dorothy Canfield Fisher

Uno de los secretos de una vida larga y fructífera es perdonar todo y a todos todas las noches antes de acostarse.
Ann Landers

Clara Zetkin, de soltera Eissner (1857-1933). Política socialista alemana muy influyente, así como una luchadora por los derechos de la mujer. Propuso que se celebrara el Día de la Mujer Trabajadora, mejor conocido como el Día Internacional de la Mujer, que sería celebrado cada 8 de marzo, en conmemoración de que en ese mismo día, en 1909, un incendio en una fábrica de Nueva York provocó la muerte de 129 mujeres. ⬡ ──

Las estrellas

Existían millones de estrellas en el Cielo. Estrellas de todos los colores: blancas, plateadas, verdes, doradas, rojas y azules.

Un día, inquietas, ellas se acercaron a Dios y le dijeron:

—Señor Dios, nos gustaría vivir en la tierra, entre los hombres.

—Así será hecho —respondió el Señor—. Las conservaré a todas ustedes pequeñitas, como son vistas, para que puedan bajar a la tierra.

Cuentan que aquella noche hubo una linda lluvia de estrellas. Algunas se acurrucaron en las torres de las iglesias, otras fueron a jugar y a correr junto con las luciérnagas por los campos, otras se mezclaron con los juguetes de los niños y la tierra quedó maravillosamente iluminada.

Pero con el pasar del tiempo, las estrellas resolvieron abandonar a los hombres y volver al Cielo, dejando la tierra oscura y triste.

—¿Por qué volvieron? —preguntó Dios a medida que ellas iban llegando al Cielo.

—Señor, no nos fue posible permanecer en la tierra. Allá existe mucha miseria y violencia, mucha maldad, mucha injusticia.

Y el Señor les dijo:

—¡Claro! El lugar de ustedes es aquí en el Cielo. La tierra es el lugar de lo transitorio, de aquello que pasa, de aquel que cae, de aquel que yerra, de aquel que muere; nada es perfecto. El Cielo es el lugar de la perfección, de lo inmutable, de lo eterno, donde nada perece.

Después de que llegaron todas las estrellas y una vez que verificó sus números, Dios habló de nuevo:

—Nos está faltando una estrella. ¿Será que se perdió en el camino?

Un ángel que estaba cerca replicó:

—No, Señor, una estrella resolvió quedarse entre los hombres. Ella descubrió que su lugar es exactamente donde existe la imperfección, donde hay límite, donde las cosas no van bien, donde hay lucha y dolor.

—¿Qué estrella es ésa? —volvió Dios a preguntar.

—Es la Esperanza, Señor. La estrella verde. La única estrella de ese color.

Cuando miraron hacia la tierra, la estrella no estaba sola. La tierra estaba nuevamente iluminada, porque había una estrella verde en el corazón de cada persona.

Anónimo

Ser mujer es plasmar esperanza en el corazón de cada hombre con el firme propósito de un mundo mejor, donde las personas aprendan a respetarse y a unirse con el fin de que la paz ilumine los espíritus de toda de la humanidad; ser mujer es dar ese toque que las distingue y las hace ser el anhelo del entorno actual.

E. V. A.

Las mujeres han sido hechas para ser amadas, no para ser comprendidas.

Oscar Wilde

Los obstáculos son esas temibles cosas que ves cuando quitas tus ojos de la meta.

Hannah Moore

Sólo enfrentando tus problemas es como los vas a resolver; llorando y quejándote no lograrás nada.

E. V. A.

———————————— ✍ ————————————

Rigoberta Menchú Tum (1959), líder indígena guatemalteca y defensora de los derechos humanos, miembro del grupo Quiché-Maya. Es Embajadora de Buena Voluntad de la UNESCO y ganadora del Premio Nobel de la Paz y del Premio Príncipe de Asturias de Cooperación Internacional. Se ha destacado por su liderazgo al frente de las luchas sociales en los ámbitos nacional e internacional. ✑ ————————————

¿QUÉ SIGNIFICA *MAMÁ*?

Se encontraban padre e hijo recostados en la arena del mar disfrutando un hermoso ocaso, cuando, de pronto, el niño cuestionó a su papá:

—Papá, ¿qué es una mamá?

Y el papá, observando los hermosos ojos de su hijo, respondió:

—Hijo mío, una mamá es un ser extraordinario que te brinda amor a cambio de una sonrisa y a veces hasta de un desprecio, porque tiene la virtud de la falta de memoria, jamás recordará tus malas acciones, sólo las buenas; recuerda que para una madre no hay hijos malos.

"Con sus besos hará que germine y florezca amor en tu corazoncito; esa hermosa criatura divina tendrá el don de sanarlo todo. ¿Recuerdas cuando jugando en tu patineta resbalaste en el jardín y te raspaste tus rodillitas? La primera que corrió a auxiliarte fue ella y así será en cada etapa de tu vida.

"En cualquier instante estará apoyándote y disfrutará tus triunfos y victorias; empero, en las ocasiones ásperas permanecerá a tu lado y se acercará a ti y te abrazará con esa ternura que sólo ella tiene. Cualquiera que sea tu edad, te dirá: 'Ya, ya, mi amor, no te preocupes, todo se solucionará'.

"Y no importa todo lo que tenga qué hacer, las madres jamás se arredran ante los problemas. Dios les concedió el don de tener la sutileza de una bella flor, pero la firmeza de un roble, por lo que permanecerá a tu lado hasta salir avante.

"Ese ángel maravilloso te proporcionará lo que desees, luchando incansablemente para obtenerlo y, cuando te sientas solo, andará a tu lado para llenar los huecos vacíos que quedaron en tu vida por aquellas falsas amistades.

"Donde quiera que te encuentres, ella cuidará de ti, te estará observando y siempre te recibirá con ternura y los brazos abiertos para refugiarte en ellos. A su lado nunca te sentirás indefenso; ella dará hasta la vida para protegerte.

"Tiene la cualidad de curarse sola, de perdonar aquellas cosas que, aunque le duelen, su temple le permite olvidar; es sensible, apasionada, soñadora, creativa, optimista, disciplinada, protectora y hasta un poco economista.

"Con su canto velará tu sueño y te proporcionará seguridad, pero antes de dormir juntará tus manitas y unidos le rezarán a Dios 'Padre nuestro que estás en los cielos…', para que les conserve la dicha de estar unidos.

"La madre, hijo, es un ángel que nos envió Dios para hacer más placentera la vida, e irá siempre adonde tú vayas y vivirá donde tú vivas, pues su imagen permanecerá inmanente en tu corazón".

Interrumpiendo intempestivamente las palabras de su padre, el niño preguntó:

—¿Tu mamá vive, papá?

—¿Ves aquella estrella, la más hermosa del firmamento?

—Sí, papi —el niño contestó con los ojos humedecidos.

—Pues ahí, junto a Dios, vive tu abuelita.

Y el niño, sollozando, expresó:

—Extraño a mi mami.

En eso llegó la madre, abrazó a su hijo y el niño estrechando con sus bracitos el cuerpo de su mamá, exclamó:

—¡Mami, te quiero mucho!

Y en aquel instante comprendió lo valioso que tenía a su lado, lo hermoso, sencillo y dulce del significado *mamá*.

E. V. A.

Ser mujer es tener el temple de brindar amor al niño que requiere un consuelo; de apoyar al adolescente que requiere un consejo; de comprender al adulto con todas sus equivocaciones; de ser la estrella que Dios eligió para guiar por el sendero correcto la vida de esos pequeños que ama con todo su corazón.

E. V. A.

Muchas maravillas hay en el universo, pero la obra maestra de la creación es el corazón materno.

Bersot

Quien quiera ver prosperar sus negocios consulte a su mujer.

Benjamin Franklin

No es la carne ni la sangre, sino el corazón, lo que nos hace padres e hijos.

Friedrich Schiller

———————————————— ❧ ————————————————

María, madre de Jesús, denominada Virgen María, debido a la concepción virginal de Jesús en su seno. El desarrollo de la fe cristiana destacó el papel de la Virgen y proclamó a María Madre de Dios. En la Edad Media se asistió a un gran auge de la piedad mariana. Se constituyó una teología de la Virgen, la mariología. Pío IX definió el dogma de la Inmaculada Concepción. ∞ ——

Mujer

Dios estaba muy ocupado creando a las madres; llevaba seis días trabajando extraordinariamente, cuando un ángel se le presentó y le dijo:

—Te afanas demasiado, Señor.

—¿Acaso no has leído las especificaciones que debe llenar este pedido?

Esta criatura tiene que ser lavable de pies a cabeza, pero sin ser de plástico; llevar 180 piezas movibles, todas reemplazables, funcionar a base de café negro y de las sobras de la comida. Poseer un regazo que desaparezca cuando se ponga de pie; un beso capaz de curarlo todo, desde una pierna rota hasta un amor frustrado... y seis pares de manos.

Y el ángel confundido observó:

—¿Seis pares de manos? Eso no es posible.

—No son las manos el problema —agregó el Señor—, sino los tres pares de ojos.

—Y eso, ¿para el modelo normal? —inquirió el ángel.

El Señor insistió:

—Uno para ver a través de la puerta siempre que pregunte: "¿niños, qué andan haciendo?", aunque ya lo sepa muy bien; otro detrás de la cabeza para ver lo que más le valiera ignorar, pero precisa saber; y, desde luego, los de delante, para mirar a un niño en apuros y decirle, sin pronunciar siquiera una palabra: "ya entiendo, hijo, y te quiero mucho".

El ángel le tiró de la manga y advirtió mansamente:

—Vale más que te vayas a la cama, Señor; mañana será otro día.

—No puedo, y además me falta poco. Ya hice una que se cura por sí sola cuando enferma, que es capaz de alimentar a una familia de seis con medio kilo de carne molida y de persuadir a un chiquillo de nueve años de que se esté quieto bajo la ducha.

Lentamente, el ángel dio vuela en torno a uno de los modelos maternales.

—Me parece demasiado delicado —comentó con un suspiro.

—Pero es muy resistente —aseguró Dios emocionado—, no tienes idea de lo que es capaz de hacer y de sobrellevar.

—¿Podrá pensar?

—¡Claro! Y razonar y transigir.

Por último, el ángel se inclinó y pasó una mano por la mejilla del modelo.

—¡Tiene una fuga!

—No es una fuga, es una lágrima.

—¿Y para qué sirve?

—Para expresar gozo, aflicción, desengaño, pesadumbre, soledad y orgullo.

—Eres un genio, Señor —dijo el ángel.

Y Dios, con un perfil de tristeza, observó:
—Yo no se la puse.

Anónimo

*Ser mujer es ser capaz de dar un beso que cure todo, desde una
pierna rota hasta un amor frustrado; ser mujer es ser capaz de
ver lo que sus niños están haciendo, aunque esté detrás de la
puerta; de observar lo que más le valiera ignorar, pero precisa
saber, y para mirar a un niño en apuros y decirle, sin pronunciar
una palabra: "ya entiendo, hijo, y te quiero mucho"; ser mujer es
ser capaz de derramar una lágrima en la que exprese su grandeza.*

E. V. A.

*Dígase lo que se diga en contra de la mujer, ella será siempre el
máximo ideal de la gran mayoría de los hombres.*

Anónimo

Ningún amor en el mundo puede ocupar el lugar del amor.

Marguerite Duras

*La máxima creación humana no se compara al prodigio divino
de una mujer dando a luz a un nuevo ser.*

Miguel Ángel Bounarroti

———————————— ॐॐ ————————————

Sor Juana Inés de la Cruz (1648/1651-1695), máxima
figura de las letras mexicanas, a los tres años ya sabía

leer, a los siete pedía que la mandaran a estudiar a la universidad y a los ocho escribió una loa para la fiesta del Corpus. Estudió latín en veinte lecciones, llegó a poseer más de cuatro mil volúmenes, instrumentos musicales, mapas y aparatos de medición y a tener conocimientos profundos en astronomía, matemáticas, lengua, filosofía, mitología, historia, teología, música y pintura, por citar solamente algunas de sus disciplinas favoritas. Las aportaciones de Sor Juana al mundo de la cultura siguen siendo inestimables. ∞ ─────────────────

LOS VECINOS

—Mamá, mamá —gritaba un pequeño.

—¿Qué quieres, hijo? —preguntó la madre.

—Mami, ya llegaron los nuevos vecinos, ¿cómo serán?

—¿Cómo eran los anteriores?

—Bien enojones, mamita, nunca me llevé bien con ellos.

—Seguramente, los nuevos vecinos serán iguales a los anteriores, hijo.

En ese momento llegó su hijo más pequeño y le dijo:

—Mami, mami, ya llegaron los nuevos vecinos, ¿cómo serán?

—¿Cómo eran los anteriores, pequeño?

—Me caían muy bien, mamita, siempre tenían detalles conmigo.

—Seguramente, los nuevos vecinos serán iguales a los anteriores, hijo —dijo la madre.

El niño mayor se quedó sorprendido con la respuesta de la madre y preguntó:

—¿Mamá, por qué a mi hermanito le dijiste que los vecinos son buenas gentes y a mí que son enojones?

—Chiquito precioso —respondió la madre—, en la vida las cosas son como tú quieres que sean; si te programas para no soportar a alguien, seguramente no lo vas a soportar, pero si te programas para que alguien sea de tu agrado, seguramente llevarán una excelente relación. El mundo gira a nuestro alrededor, la fuerza de la vida está en ti y tú te programas todos los días para tener éxito o fracasar, para amar o para odiar, para llorar o para reír, para sentirte bien o sentirte mal, para disfrutar un hermoso día de lluvia o refunfuñar, porque te castigó la naturaleza con la lluvia.

"Recuerda que el primer cambio, para cambiar el mundo, está en nosotros".

—Gracias, mamita —respondió el niño y agregó—. Creo que los nuevos vecinos son muy buenas personas —y salió corriendo a darles la bienvenida, perseguido por su hermanito.

E. V. A.

Ser mujer es tener la capacidad de ser un gran ejemplo para nuestros hijos, en el entendido de que la palabra convence, pero el ejemplo arrastra y la congruencia vive por toda la eternidad; fincándoles los valores que necesitan para que el día de mañana el niño muestre en su espíritu generosidad y la grandeza del corazón de su madre.

E. V. A.

En el corazón de toda mujer hay una chispa de fuego celestial que yace dormido en la amplia luz de la prosperidad, pero que se enciende, luce y arde en la oscura hora de la adversidad.

Whashington Irving

Si queremos que los niños, por estímulo, sean mejores, hagamos que escuchen los elogios que de ellos hacemos ante otros.

Haim Ginott

La conciencia es un pequeño milagro en el que Dios opta por el anonimato.

H. Q.

───────────────── ৪৩৫ ─────────────────

Benazir Bhutto (1953-2007). Política pakistaní; dirigió el Partido Popular de Pakistán, de centro-izquierda y afiliado a la Internacional Socialista. Fue la primera mujer que ocupó el cargo de primer ministro de un país musulmán y dirigió a Pakistán en dos ocasiones. Bhutto se autoexilió en Dubai en 1998, donde permaneció hasta su regreso, en 2007. Fue asesinada ese mismo año, después de una manifestación, dos semanas antes de las elecciones, en las que era líder de la candidatura de la oposición. ∞ ─────────────────────

La mano

Una maestra de una escuela de los barrios más pobres de la ciudad pidió a sus alumnos que dibujaran algo sobre lo que estuvieran agradecidos. Dado que los niños eran tan pequeños y de tan escasos recursos, le pareció que la mayoría de ellos dibujaría pavos o mesas de comida.

Sin embargo, grande fue su asombro cuando el pequeño Douglas mostraba en su trabajo únicamente una mano infantilmente dibujada.

La clase se cautivó por la imagen abstracta e incluso se hicieron varias interpretaciones; algunos pensaban que se trataba de la mano de Dios, que es quien nos da la comida, otro niño dijo:

—Es la mano de un granjero, porque es él quien cría a los pavos.

Al cabo de un rato, la maestra se acercó al escritorio de Douglas y le preguntó de quién era la mano, a lo que simplemente contestó:

—Es su mano, maestra.

La maestra recordó que frecuentemente tomaba de la mano al pequeño Douglas, acompañándolo al recreo, pues el pequeño tenía que usar muletas para caminar.

Anónimo

Ser mujer es tener la capacidad de ayudar a todos aquellos que lo necesitan, distinguiéndose de los demás por su generosidad y desprendimiento, sobre todo a la hora de brindar amor a sus seres queridos y entregarse con todo el corazón a aquellos que necesitan de su apoyo, de su ayuda, de su mano.

E. V. A.

Toda la belleza de la naturaleza se puede configurar en una sola imagen: un rostro de mujer.

E. V. A.

Nunca permitas que tu cabeza se incline. Nunca te des por vencida y te sientes a llorar. Encuentra otra manera. Y no reces cuando llueve, si no lo haces cuando brilla el sol.

Satchel Paige

Una madre logra más que cien maestros.

Proverbio judío

———————————— 𝓢𝓞𝓡 ————————————

Helena, a veces conocida como Helena de Troya o Helena de Esparta, es un personaje de la mitología griega; su leyenda es aludida por casi todos los mitógrafos clásicos. Era considerada hija de Zeus y pretendida por muchos héroes, debido a su gran belleza; fue seducida o raptada por Paris, príncipe de Troya, lo que originó la guerra. ∽ ───────────────

Mamá

Cuenta una antigua leyenda que un día, Dios escuchó rumores sobre un ángel que estaba dispuesto a ir a la tierra.

Dios le mandó llamar y le manifestó:

—Estoy enterado de que es tu deseo bajar a la tierra.

—Ése es mi deseo, Señor.

—¿Por qué lo haces?

—Encuentro mucha soledad en la tierra a pesar de tanta gente.

—¿Estás consciente de las tareas que tienes que emprender?

—Así es, Señor.

—Escucha bien: todas las mañanas te tendrás que levantar primero que todos los de tu hogar, les prepararás el desayuno y ni siquiera te lo van a agradecer.

"A los pequeños los bañarás, les cambiarás su pijama, les pondrás su uniforme y los llevarás a la escuela y un beso displicente será su despedida.

"Arreglarás tu hogar para que todo esté en perfectas condiciones y prepararás la comida. Los niños no querrán comer lo que guisas y tu pareja pocas veces llegará a comer.

"Lavarás los trastos, limpiarás la cocina y estudiarás con tus hijos. Al final del ciclo escolar, todos felicitarán a los pequeños y nadie se acordará de ti.

"En la noche le prepararás una deliciosa cena a tu pareja y tampoco te lo agradecerá.

"Cuando tus hijos se enfermen, te desvelarás, sufrirás para sacarlos adelante, todo para que, cuando sean adolescentes, te digan: '¡Yo no te pedí nacer!', y cuando sean adultos, te dejen para formar su familia y sólo cuando necesiten algo, te hablen.

"Tu pareja, metida en el trabajo, pocas veces tendrá detalles para ti y a veces hasta se olvidará de tus cumpleaños.

"Entregarás todo tu ser por amor, lucharás por sacar avante a tu familia y cuando seas vieja, aquel pequeño, al que tú le cambiabas los pañales con tanto amor, no te querrá ayudar y te mandará a un asilo.

"¿Acaso no son muchos los sacrificios que tienes qué hacer para que te paguen mal? Aquí estás mejor; evita desprecios, no vayas a la tierra.

—Señor —contestó el ángel con un temple muy sereno—, ¿quién amará como sólo ama una mujer?

"¿Quién acariciará con ternura el cuerpo de mi bebé mientras él toca con sus manitas mi rostro?

"¿Quién recibirá los piropos del niño?: 'te amo, mami, eres mi novia, ¿quién quiere este beso?'.

"¿Quién juntará las manitas del bebé para rezar el *Padre nuestro* y acercarlo a Ti?

"¿Quién curará las heridas o le dará consejos al adolescente enamorado?

"¿Quién perdonará al adulto y lo consolará?

"¿Quién pondrá el hombro para que la amiga llore?

"¿Quién le dará ese toque sentimental al hogar que sólo puede otorgar una mujer?

"Señor, sé de los sacrificios que hay qué hacer y estoy consciente de mi misión".

Al escuchar tan bellas palabras, se le escurrieron las lágrimas a Dios, las colocó en los ojos de la mujer y dejó ir a su hermoso ángel, a quien le llamaron *mamá*.

E. V. A.

Ser mujer es tener la capacidad de dar a luz ideas, principios, valores, excelentes actitudes y aptitudes, y, por supuesto, a aquel bebé que va a ser el futuro de la humanidad. Ser mujer es acariciar al bebé, juntar las manitas del niño para rezar, aconsejar con amor al adolescente, guiar al adulto y ser el centro de su hogar, su nación y el mundo.

E. V. A.

No pidas a una mujer el imposible. Es capaz de darlo.

Valeriu Butulescu

Sirve a Dios quien sirve a sus criaturas.

Caroline Sheridan Norton

El corazón de la madre es la escuela del niño.

H. W. Beeche

———————————— ❧❦ ————————————

Magdalena Carmen Frida Kahlo Calderón, más conocida como Frida Kahlo (1907- 1954). Destacada pintora mexicana. Casó con Diego Rivera. Su obra, de sesgo muy personal, se caracteriza por una síntesis de elementos expresionistas y surrealistas, con una temática popular y autobiográfica. Sus obras, *Las dos Fridas* —autorretrato—, y su museo monográfico en Coyoacán son un legado que ha trascendido en la historia. ❧ ———

⬭ ESE ÁNGEL

Refiere una antigua leyenda que un niño, próximo a nacer, le dijo a Dios:

—Me vas a enviar mañana a la tierra, pero, ¿cómo viviré allá siendo tan pequeño y tan débil?

—Entre los muchos ángeles, escogí a uno que te espera —contestó Dios.

—Pero aquí en el Cielo no hago más que cantar y sonreír y eso basta para mi felicidad. ¿Podré hacerlo allá?

—Ese ángel te cantará y sonreirá todos los días y te sentirás muy feliz con sus canciones y sus sonrisas.

—¿Y cómo entenderé cuando me hablen, si no conozco el extraño idioma de los hombres?

—Ese ángel te hablará y te enseñará las palabras más dulces y más tiernas que escuchan los humanos.

—¿Qué haré cuando quiera hablar contigo?

—Ese ángel juntará tus pequeñas manos y te enseñará a orar.

—He oído que en la tierra hay hombres malos. ¿Quién me defenderá?

—Ese ángel te defenderá, aunque le cueste la vida.

—Pero estaré siempre triste, porque no te veré más, Señor. Sin verte me sentiré muy solo.

—Ese ángel te hablará de mí y te mostrará el camino para volver a mi presencia —le dijo Dios.

En ese instante, una paz inmensa reinaba en el Cielo. No se oían voces terrestres. El niño decía suavemente:

—Dime su nombre, Señor.

Y Dios le contestó:

—Ese ángel se llama *mamá*.

Anónimo

Ser mujer es tener la capacidad de cuidar con todo su corazón al pequeño que necesita de su comprensión y amor, cantarle y sonreírle cuando se sienta atemorizado, enseñarle palabras dulces que lo conduzcan a la felicidad, defenderlo de las malas personas que quieran hacerle daño y juntar sus manitas para enseñarlo a orar y llegar a Dios.

E. V. A.

El amor de la mujer, como la flor, siempre dejará impregnado en nuestro ser el agradable aroma de su esencia.

E. V. A.

Una madre es una bahía en el naufragio.

José Lezama Lima

La maternidad es la clave de bóveda de la felicidad matrimonial.

Thomas Jefferson

———————————— ഓരോ ————————————

María Eva Duarte de Perón (1919-1952), conocida como Evita, fue una actriz y política argentina amada y respetada por el pueblo. Como primera dama, promovió el reconocimiento de los derechos de los trabajadores y de la mujer, entre ellos, el sufragio femenino, y realizó una amplia obra social desde la Fundación Eva Perón. ∞ —

Necesito un ángel

Un bebé, desde el vientre materno, decía:

"Necesito un ángel que me quiera, que me arrulle, que me mime y que todas las noches me cante o me cuente alguna historia hermosa que me haga dormir tranquilo.

"Necesito un ángel que me tenga nueve meses dentro de su hermoso vientre, que me cuide y proteja hasta nuestro reencuentro.

"Necesito un ángel que me compre juguetes y me deje hacer travesuras con ellos, aunque con un pequeño grito fingido me diga: '¿Qué haces mi amor, dónde estás?', cuando ya sabe, de antemano, dónde estoy y lo que hago.

"Necesito un ángel que sea mi confidente, mi amiga y mi madre. Juntos compartiremos todos nuestros secretos y fundiremos nuestros seres en una sola alma.

"Necesito un ángel que me enseñe los valores de la vida, que me conduzca por el camino de la ética, la verdad, la equidad y el amor, factores que serán el puntal detonante de mi éxito en el transcurso de la vida.

"Necesito un ángel que me enseñe a orar, rezar, y el camino a Dios, para que cada noche le rece al Señor: 'Padre nuestro que estás en los cielos, cuida mucho a mami, dame la dicha de tenerla siempre a mi lado y no olvides que te quiero mucho'.

"Pero, ¿para qué quiero un ángel? Ya lo he tenido siempre. Ese ángel eres tú, mamá, y aquel bebé que lo necesitaba soy yo.

"Te amo.

"Tu bebé"

E. V. A.

Ser mujer es tener la capacidad de amar y luchar con toda su magnitud por el ser que lleva en su vientre, aquel en que impregnará una esperanza de pasión en la fusión de dos seres que se aman, que se necesitan y que se proyectarán en un solo corazón. Ser mujer es dar todo sin esperar nada a cambio.

E. V. A.

La mujer es un milagro de la naturaleza.

Anónimo

Si mamá no es feliz, nadie es feliz.

Anónimo

Padres, cuenten sus sueños a sus hijos.

Anónimo

Maria Anna Cecilia Sophia Kalogeropoulos (1923-1977), más conocida por el nombre artístico de Maria Callas, fue una gran soprano griega y es considerada como la más famosa cantante de ópera del periodo de la posguerra. Combinaba una impecable técnica del *bel canto* con un gran talento dramático, lo que la hicieron la más famosa actriz-cantante de aquella época. Era extraordinariamente versátil, ya que su repertorio iba desde la ópera seria clásica, como *La vestale* de Gaspare Spontini, hasta las óperas de Giuseppe Verdi o Giacomo Puccini.

DIOS Y LAS MADRES

Muchas mujeres se convierten en madres por accidente, otras por elección, unas cuantas por presiones sociales y un par, a lo sumo, por hábito.

¿Te has preguntado alguna vez por qué las madres de niños discapacitados son escogidas?

En cierta manera veo a Dios rondando sobre la Tierra, seleccionando sus instrumentos para la propagación con gran esmero y deliberación.

Mientras Él atisba, instruye a sus ángeles a que tomen nota en un gigantesco libro mayor:

—Dale a María Gutiérrez un hijo y de patrono a Mateo. A Guadalupe Beltrán, una hija y de santa patrona a Cecilia. A Mary Carrie, unas gemelas y de santo patrono... dale a Gerardo. Él acostumbra protegerlas.

Finalmente, Él aprueba el nombre y sonríe diciendo:

—Dale a ella un niño discapacitado.

El ángel se muestra curioso y pregunta:

—¿Por qué, Dios? Ella era tan feliz.

—Exactamente —sonríe Dios.

—¿Podría yo dar un niño impedido a una madre que no sabe reír?

—Pero ella tendrá sufrimiento —respondió el ángel.

—Yo no deseo que ella sufra mucho ni se hunda en un océano de desesperación y compasión por sí misma. Una vez que la sacudida y el resentimiento pasen, lo aceptará y sabrá manejar la situación. Yo la observé hoy, tiene un sentimiento de provecho e independencia que es muy raro, pero necesario para una madre. El niño que voy a darle tiene su propio mundo y ella tiene que hacer que él viva en el mundo de ella, y eso no va a ser fácil.

—Pero, Dios —siguió el ángel—, pienso que ella no seguirá pensando en Ti.

Dios sonrió:

—No importa, yo puedo arreglar eso. Este caso es perfecto, pues ella tiene justamente bastante amor propio.

El ángel se asombró:

—¿Amor propio?... Pero, ¿es ésa una virtud?

Dios asintió con la cabeza y contestó:

—Si ella no puede separarse por sí misma del niño, menos que perfecto.

Ella no sabe aún, pero será envidiada. Nunca tomará como un hecho una palabra dicha. Nunca considerará un paso mal dado. Cuando su hijo le diga "mamá" por primera vez, verá un milagro y estará presente en él cuando le describa un árbol o una puesta de sol; verá como pocas personas han visto mis creaciones.

Dios continuó:

—Voy a permitirle ver claramente las cosas que yo veo... Ignorancia, crueldad, prejuicios. Nunca estará sola, voy a estar a su lado cada minuto del día de su vida, porque ella va a ser mi trabajo, tan segura como que estará aquí a mi lado.

—¿Y quién será su santo patrono? —preguntó el ángel.

Dios sonrió:

—Un espejo será suficiente.

Anónimo

Ser mujer es luchar contra los imposibles, contra las injusticias, contra los imponderables, porque ésa es su esencia; Dios las dotó de una fuerza interior que las ha llevado a defender a sus pequeños de toda clase de pormenores, brindándoles su lugar dentro de una sociedad segregacionista.

E. V. A.

Dios no podía estar en todas partes, así que creó a las madres.

Proverbio judío

En el corazón de la madre se forman los hábitos del niño; en los hábitos del niño se forja el destino del hombre.

E. V. A.

La mujer más despreocupada siente una voz interna que le dice: "Sé bella si puedes, sé sabia si quieres, pero, sobre todo, sé estimada, es necesario".

Pierre Beaumarchais

—————————————— ෨෧ ——————————————

Gaby Brimmer (1947-2000) estuvo confinada toda su vida a una silla de ruedas, debido a la parálisis cerebral con la que nació. Su pie izquierdo era la única parte de su cuerpo que le obedecía. Fue a la universidad. Se publicó un libro que narra su vida, dio un sinnúmero de conferencias, asistió a congresos, creó talleres de lectura, fue tema para una película de Hollywood, fundó la Asociación para los Derechos de Personas con Alteraciones Motoras. Gaby Brimmer fue ejemplo de dignidad para los mexicanos. ෨ ——————————————————

FELICIDADES, MAMITA

Tal vez mis movimientos sean torpes y destruyan los objetos que con tanto cuidado has escogido y comprado.

Tal vez estropee tus comidas cuando me cambias los pañales llenos de popó o pipí.

Tal vez mi llanto te desespere cuando lloro porque se rozó mi colita.

Tal vez no puedas dormir por vigilar mi sueño cuando estoy enfermito.

Tal vez te exaspere con mi juego, te dé jaqueca, no soportes mis gritos y caprichos.

Sin embargo, hoy te celebramos y, por eso, mamita, te prometo que mis movimientos van a ser igual de torpes, que te voy a estropear la comida cuando me cambies los pañales, que voy a llorar mucho si se roza mi colita y que te desesperaré con mi juego.

Pero también te prometo que vas a ser muy feliz cuando veas que mis movimientos son más ágiles, cuando me observes crecer sano, fuerte y te avise para hacer pipí o popó, y cuando veas una sonrisita alegre con amor, de ese gran corazón que te proporcionó Diosito.

Sabes, mamita, hoy te festejamos y no puedo hablar, pero recuerda que nadie, nadie en el mundo, es tan importante para mí como tú, y aunque mis brazos son muy pequeños, te voy a dar el abrazo más grande del mundo; y aunque mi boca sea chiquita, te daré grandes besos que harán eco en tu alma por toda la eternidad.

Hoy no tengo un regalo que darte, pero a cambio me regalo yo mismo, con los pañales sucios, con los objetos rotos, con el llanto que te exaspera, con mis caprichos, con el inmenso amor que siento por ti, con muchos besos y con mis bracitos abiertos para expresarte:

¡Te quiero, mamita, muchas felicidades!

Tu bebé
E. V. A.

Ser mujer es comprender que detrás de cada sacrificio existe una gran recompensa que la llevará a abrazar con todo su amor a su pequeñito, quien le agradecerá con una sonrisa desdentada sus atenciones, lo cual provocará la más grande sensación de cariño que pueda existir. A través de ese gran amor, sin duda alguna, la mujer conocerá la esencia de Dios.

E. V. A.

La mujer que se estima a sí misma, más por las cualidades de su alma o de su espíritu que por su belleza, es superior a su sexo.

Nicolas de Chamfort

Una madre con sólidos valores seguramente tendrá hijos triunfadores.

E. V. A.

Un bebé es la opinión de Dios de que la vida debe continuar.

Carl Sandburg

———————————— ❧❦ ————————————

Cleopatra VII (69-30 a. C.), última reina del Antiguo Egipto de la dinastía Ptolemaica, también llamada dinastía Lágida. Era hija de Cleopatra V Trifena y de Ptolomeo XII, Auletes, de quien heredó el trono en el año 51 a. C., a la edad de diecisiete años. Su belleza evitó la invasión de Roma a su país y provocó que se enamoraran de ella dos grandes del Imperio: Julio César y Marco Antonio. ∞ ————————————————

⌒

Yo tuve la mamá
más mala del mundo

Yo tuve la mamá más mala del mundo.

Mientras los otros niños no tenían qué desayunar, yo tenía que comer cereal, huevo y pan tostado. Cuando los demás tomaban refrescos y dulces para el almuerzo, yo comía emparedado.

Mi madre siempre insistía en saber dónde estábamos; parecía que estábamos encarcelados. Tenía que saber quiénes eran nuestros amigos y lo que estábamos haciendo.

Insistía en que si decíamos que tardaríamos una hora solamente, nos tardáramos una hora.

Me daba vergüenza admitirlo, pero hasta tuvo el descaro de romper la ley contra el trabajo del niño menor, hizo que laváramos platos, tendiéramos camas, aprendiéramos a cocinar y muchas cosas igualmente crueles.

Creo que se quedaba despierta en la noche pensando en las cosas que podría obligarnos a hacer al día siguiente.

Siempre insistía en que dijéramos la verdad, toda la verdad y nada más que la verdad.

Para cuando llegamos a la adolescencia, fue más sabia y nuestras vidas se hicieron aún más miserables.

Nadie podía tocar el claxon para que saliéramos corriendo; nos avergonzaba hasta el extremo, obligando a nuestras amigas y amigos a llegar hasta la puerta para preguntar por nosotros.

Mi madre fue un completo fracaso. Ninguno de nosotros ha sido arrestado. Cada uno de mis hermanos ha servido en una misión y también ha servido a su patria.

¿A quién debemos culpar de nuestra mala mamá?

Vean lo que nos perdimos: nunca participamos en una demostración y actos violentos y miles de cosas malas que hicieron nuestros amigos.

Ella nos hizo convertirnos en adultos educados y honestos.

Usando esto como marco, trato de educar a mis hijos de la misma manera.

Estoy llena de orgullo cuando mis hijos me dicen que soy la mamá más mala del mundo.

Anónimo

Ser mujer es educar, aunque le duela; es reprender, aunque se le destroce el corazón; es guiar, aunque no se lo agradezcan, con el fin de que sus amores alcancen aquellos logros que les permitirán tener una vida feliz, un mejor camino para el logro de sus ideales. Ser mujer es ser como la estrella del horizonte, que guía a los marineros hacia su destino.

E. V. A.

Hombres necios que acusáis a la mujer sin razón, sin ver que sois ocasión de lo mismo que culpáis.

Sor Juana Inés de la Cruz

Feliz el hombre que tiene una buena esposa: vive el doble.

Goethe

Sólo cuando meditamos lo que nos cuestan nuestros hijos, empezamos a darnos cuenta de la deuda que tenemos contraída con nuestro padres.

Anónimo

———————————— ෨෬ ————————————

María Magdalena, personaje evangélico. Los Evangelios hablan de tres Marías: la pecadora, quien bañó en perfume los pies de Jesús durante una cena; María de Magdala, quien fue la primera en ver a Jesús resucitado; y María de Betania, hermana de Lázaro y de Marta; sin embargo, la tradición las ha identificado como una sola persona. ෨

POR FAVOR, DOCTOR

—¡Por favor, doctor, salve a mi hija! —gritaba una señora en medio de la zozobra que enfrentaba al ver a su pequeña ensangrentada, debido a que la acababan de atropellar.

—Señora, no se angustie, hace tres días la acabamos de operar de una hernia y tiene que descansar —le dijo el doctor a aquella mujer envuelta en la desesperación.

—¿Cómo quiere que no me angustie si se está muriendo lo que más quiero en la vida? —cuestionó la señora.

—Entendiendo su reacción —respondió él—; haré mi mejor esfuerzo.

En ese momento, una enfermera se acercó al doctor y le manifestó:

—Doctor, tenemos un grave problema, la niña atropellada se está desangrando, y el factor RH de su sangre es negativo y no tenemos de ese tipo en el hospital; los paramédicos dicen que si no se consigue la sangre en menos de una hora, la pequeña morirá.

La angustia se reflejó inmediatamente en el rostro del médico.

—¿Qué pasa, doctor? —preguntó la señora.

—Lo siento, señora, pero si en menos de una hora no conseguimos sangre RH negativo, su hija morirá.

—Doctor —respondió la señora, llorando—, mi sangre es RH negativo. Hágame la transfusión a mí, por favor.

—Está usted loca. Hace una semana la operamos de una hernia. Usted estaría arriesgando su vida más que la de ella.

—Por favor, doctor, no hable de riesgos. En una hora puede morir y yo daría mi vida tan sólo por estar una hora más con mi hija.

E. V. A.

Ser mujer es dar todo por el bien de sus hijos, es luchar contra los más grandes obstáculos, con tal de que sus amores puedan salir airosos y realizar una vida plena. Es aprender a dar, sin esperar nada a cambio; a amar, aunque no la amen; a compartir, aunque en ello vaya lo más preciado que tiene, aunque vaya de por medio la vida misma.

E. V. A.

¿Quién puede bajar los ojos como una mujer? ¿Y quién sabe alzarlos como ella?

Soren Kierkegaard

Buscando el bien de nuestros semejantes encontramos el nuestro.

Platón

El amor es la más noble flaqueza del espíritu.

John Dryden

— ❧☙ —

Margot Fonteyn (1919-1991), famosa bailarina británica que alcanzó el título de *prima ballerina assolùta*.
Considerada la mejor del *ballet* clásico de su tiempo, fue
condecorada con el galardón de *Dame*. De muy pequeña
inició sus estudios de danza clásica y a la corta edad de
catorce años bailó *El cascanueces*. Para 1939 ya había in-
terpretado muchos de los roles principales de los *ballets*
clásicos *La bella durmiente, Giselle* y del difícil *El lago de
los cisnes.* ∞ —

Hijo preferido

Cierta vez preguntaron a una madre cuál era su hijo preferido, al que más amaba; ella, dejando entrever una sonrisa, respondió:

—Nada es más voluble que el corazón de una madre.

Y como madre respondió:

—El hijo dilecto, aquel a quien me dedico en cuerpo y alma es:

- Mi hijo enfermo, hasta que sane.
- El que partió, hasta que vuelva.
- El que está cansado, hasta que descanse.
- El que tiene hambre, hasta que se alimente.
- El que tiene sed, hasta que beba.
- El que se encuentra estudiando, hasta que aprenda.
- El que está desnudo, hasta que se vista.
- El que no trabaja, hasta que se emplee.
- El que se enamora, hasta que se case.
- El que es padre, hasta que los críe.
- El que prometió, hasta que cumpla.
- El que debe, hasta que pague.
- El que llora, hasta que calle.

Y con semblante bien distante de aquella sonrisa, terminó:

—El que me dejó, hasta que lo encuentre.

Anónimo

Ser mujer es aprender a amar, sin distinción; a proteger, sin importar la edad; a ayudar, sin observar quién tiene la culpa; a consolar, aunque le digan que no necesita consuelo; a enseñar, aunque no se le reconozca; y a dar esos pequeños detalles fraternales que suelen ser el principio de distinción de una gran madre.

E. V. A.

La mujer es la fuerza motriz de la vida. El hombre es sólo la llave de mando.

Valeriu Butulescu

Conviértete en amigo de tu hijo y muéstrale el buen camino por medio del ejemplo.

Anónimo

He tenido éxito en la vida. Ahora intento hacer de mi vida un éxito.

Brigitte Bardot

Valentina Vladimirovna Tereshkova (1937), cosmonauta soviética, fue la primera mujer de la historia en viajar al espacio a bordo del *Vostok 6*, en 1963. Estudió en la Academia de la Fuerza Aérea de Zhukovski y se graduó como ingeniera espacial. Recibió el doctorado en ingeniería. Debido a su preeminencia, desempeñó diversos cargos políticos, fue miembro del Soviet Supremo, Héroe de la URSS y distinguida con las condecoraciones superiores de muchos Estados del mundo. Doctora en Ciencias Técnicas y dirigente pública, fue nombrada La Mujer del Siglo XX por la organización británica Asamblea Anual de Mujeres Sobresalientes. ⌒ ——————

⚭
LOS OJOS DE MI PEQUEÑA

—Mami, mami, voy a jugar al jardín.

—Ve, pequeña, pero no te salgas de la casa.

A los pocos minutos, una gran pelota blanca con círculos azules saltó del jardín del frente de la casa, lo que provocó que la niña saliera en busca de ella y el accidente que más tarde concluiría con su vida.

Los detalles, ¿para qué los explico? Fueron los momentos más terribles de mi existencia. Sólo puedo decirles que un automóvil la arrolló. En unos minutos, ya estábamos en el hospital viviendo la peor de las angustias. Como a la hora del accidente, el doctor salió muy serio y nos dio, a mi esposo y a mí, aquella horrible noticia:

—Lo siento, no se pudo hacer más por la pequeña, acaba de fallecer; sin embargo, ustedes sí pueden hacer algo por sus semejantes.

—¡Cómo puede solicitarnos que nosotros hagamos algo por nuestros semejantes cuando acaba de fallecer mi hija! —repliqué indignada.

Él continuó:

—En la sala contigua hay una niña que tiene la misma complexión y edad de su pequeña y espera impaciente un trasplante de córnea, pues no puede ver.

No tiene padres, ya que acaban de fallecer por el accidente de tránsito donde perdió la vista. Los ojos de su pequeña se la pueden devolver.

Y pensé en mi nena, mientras las lágrimas brotaban por mi rostro, y en su gran corazón; reflexioné que ella siempre había sido muy generosa. Así que accedí a esa petición.

Antes de llevarnos el cuerpo de mi pequeña, me comentaron que la otra niña quería hablar conmigo y fui a verla.

Era una niña muy linda, pero mi tristeza no me permitía contemplarla, y me dijo:

—Señora, gracias por lo que va a hacer; yo sé que su niña acaba de fallecer y me regaló sus ojos, yo le prometo que los cuidaré mucho y, en cuanto salga de aquí, la voy a visitar para que, a través de mis ojos, contemple los de su hija.

—Gracias, chiquita —contesté.

Enterramos a mi chiquita y yo me sentía morir. El tiempo pasó y mi angustia seguía reflejando el sentimiento de aquel terrible momento, hasta que un día alguien tocó a mi puerta. Era una niña bonita, sucia de cara y con la ropa roída y sin cambiar por muchos días.

—¿Vienes a pedir limosna? —le pregunté sin que dijera una sola palabra.

—Tengo hambre contestó, pero no vengo a pedir limosna, sólo vengo a recordarle a alguien que desde el cielo piensa en usted.

—Pero, ¿a quién me vas a recordar, escuincla?

—Vea mis ojos.

—No lo podía creer, eran los ojos de mi pequeña y las lágrimas no pararon de brotar.

Presta, la abracé y la llené de besos, sin importarme cuán sucia estaba.

La niña explicó:

—Vine a cumplir mi palabra.

Le di de comer, la bañé y pregunté por su familia. Me confirmó que sus padres habían muerto y que vivía de la caridad.

Le pedí que se quedara en mi hogar y aceptó.

Hace poco le celebramos sus quince años y sentí como si Dios me hubiera dado en un solo ser a las dos hijas más maravillosas del mundo y que fue una bendición haber donados aquellos hermosos ojos, los ojos de mi pequeña.

E. V. A.

Ser mujer es aprender a observar en una sola mirada todas las necesidades que tienen sus seres amados y, sin decir una sola palabra, consolarlos y ayudarlos en la solución de sus problemas. Es aprender a transmitir en un solo abrazo ese mensaje que cura el alma y que hace que la felicidad fluya por aquel ser que necesitaba un consuelo.

E. V. A.

Las mujeres y la música nunca deben tener fecha.

Oliver Goldsmith

Trata a los demás como quieres que te traten a ti.

Mary Kay Ash

La educación es un seguro para la vida y un pasaporte para la eternidad.

Antonio Aparisi y Guijarro

———————— ∞⟐ ————————

Mary Kay Ash (1918-2001), Estados Unidos. Su infancia fue muy difícil y solitaria, ya que su madre, único sustento de la casa, trabajaba catorce horas diarias en un restaurante, mientras la pequeña Mary quedaba al cuidado de su padre, que estaba muy enfermo. Su madre le decía que debía tener autoconfianza y le repetía: "Tú puedes hacerlo, querida". Trabajó en varias compañías de venta directa, alcanzando un considerable éxito como vendedora y entrenadora de vendedoras. Escribió un libro para ayudar a la mujer en los negocios, que se tornó después en un plan de negocios para su compañía ideal, Mary Kay Inc. ∞ ————————————————

Mamá no tiene novio

De visita en casa de mis abuelos, me divierte ver a mi tía, la menor, prepararse cuando espera a su novio.

Toda contenta, se peina, perfuma y pinta los labios; se viste muy guapa y corre de un lado a otro arreglando todo detalle, para que su amor no encuentre defecto alguno en el entorno. Entonces llega el novio oliendo a mucha loción y, cuando se miran... ¡ufff!, parece que flotan en el aire. Se abrazan con ternura y ella le ofrece algo de tomar, junto con las galletas que le preparó durante la tarde.

Además, él celebra todo lo que, con esmero, ella prepara para cenar. Luego se sientan a platicar tontería y media por horas, después de lograr que los niños desaparezcamos de la sala; se escuchan el uno al otro sin perder detalle ni soltarse las manos, hasta que al susodicho no le queda más remedio que despedirse, cuando mi abuelo empieza a rondar con la almohada bajo el brazo. Un día le pregunté a mi mamá: "Mami, dime: ¿quién es tu novio?", y me dijo sonriente que es mi papá.

—No, mamá, en serio, ¿quién es tu novio? —pero ella insiste y no le creo.

¿Cómo mi papá va a ser su novio? En primera, él nunca llega con un ramo de flores ni chocolates; sí, le da regalos en su cumpleaños y Navidad, pero nunca he visto que el novio de mi tía se presente con una licuadora o dinero para que se compre algo. Además, mi mamá no pone cara de Blanca Nieves cuando papá llega del trabajo ni él sonríe, como príncipe azul, cuando la mira. Mamá no corre a arreglarse el peinado ni a pintarse los labios cuando suena el timbre de la puerta, y apenas voltea a verlo para decir: "Hola", ya que está revisando nuestras tareas.

El saludo de mi papá, en vez de ser "Hola, mi vida", es: "Hola... ¡Qué día!", y de inmediato se pone en las peores fachas para estar cómodo. En lugar de preguntar: "¿Qué se te antoja cenar?", mi mamá le pregunta temerosa: "¿Qué... quieres cenar?"; y cuando creo que le va a decir: "¡Qué bonita te ves hoy!", le pregunta: "¿Sabes dónde quedó el control de la televisión?".

Los novios se dicen cosas románticas, como: "¡Cuánto te amo!", en vez de: "¿Fuiste al banco?". Mi tía y su novio no pueden dejar de mirarse. Cuando mamá pasa delante de papá, él mueve la cabeza hacia los lados para no perderse detalle de lo que está viendo en la tele. A veces le da un abrazo sorpresa, pero ella tiene que zafarse, porque siempre está a las carreras, y a veces la oigo susurrar: "¡No, ahí andan los niños!".

Ha de ser malo abrazarse. Además, mis papás sólo se dan la mano cuando en misa el padre dice: "Dense, fraternalmente, la paz".

Creo que ella me dice que son novios para que no me entere de que cortaron cuando se casaron. La verdad, veo que mi mamá no tiene novio y mi papá tampoco tiene novia.

¡Qué aburrido es casarse! Ellos son sólo esposos.

Anónimo

Ser mujer es no dejar morir los detalles que la han llevado a alcanzar la realización en el hogar. Es ser más inteligente que el destino, saber inspirar y motivar en su pareja los influjos de amor que conjuran la conjunción de la pasión que ha fundido, y confundido, dos seres en una sola alma.

E. V. A.

Comprender a una mujer no significa necesariamente comprender a cualquier otra mujer.

John Stuart Mill

Todo hombre sabio ama a la esposa que ha elegido.

Homero

Un error reconocido es una victoria ganada.

Caroline L. Gascoigne

— ❧❦❧ —

Isabel Allende Llona (1942), periodista y escritora chilena, trabajó en la Organización de las Naciones Unidas para la Agricultura y la Alimentación, tuvo una columna humorística en la revista *Paula*, realizó diversas colaboraciones para la revista infantil *Mampato* y publicó dos cuentos para niños. Escribió *La casa de los espíritus*. Fue galardonada con el premio Gabriela Mistral por el presidente Patricio Aylwin. Ha sido distinguida en la Academia de Artes y Letras de su país, ha vendido cerca de treinta y cinco millones de copias y su trabajo ha sido traducido a más de veintisiete idiomas. ∞ ———

RECUERDO PARA HEILI

Pequeña princesa:

No sabes lo feliz que me haría verte correr alegre con tus amiguitos, departir con tus primos y escucharlos planear sus aventuras. Cada fin de semana dedicaría un espacio para ti y no perdería el tiempo en ver televisión o algunas trivialidades que me apartaran de estar a tu lado.

Festejaríamos tus travesuras y creo que yo tomaría también un color para rayar juntas el lugar que tú eligieras; cada rayón, cada mancha, cada dibujo, sería una obra de arte que compartiría con mi hermosa princesita.

En las noches tomaría una almohada y te pegaría levemente para que tú hicieras lo mismo, empezando una linda contienda; la vencedora invitaría a la otra una rica malteada.

Dejaría los compromisos de trabajo y te dedicaría más tiempo; definitivamente, el tiempo mejor invertido es el que le dedicamos a nuestros seres queridos, a todos los seres que amamos.

No habría ningún regaño para ti; antes me pondría a recapacitar que no eres más que una niña, una linda criatura que hace unos meses reposaba en el vientre de mamá dándole unas fuertes pataditas.

No te exigiría que comieras bajo coacción. Sé que cuando te diera hambre, tú sola me pedirías que te diera de comer y trataría de cumplirte tus antojos por más ilógicos que se escucharan.

Antes de dormir, juntaría tus manitas y, unidas a las mías, rezaríamos a papá Dios el habernos dado la fortuna de disfrutar juntas un gran día más y el haber hecho de tus papis los seres más felices sobre la tierra.

Pero todo esto no podrá ser. El día de ayer te dejé dormidita en tu ataúd. Hoy sólo me queda tu recuerdo y las ilusiones de lo que hubiéramos hecho juntas; de esos momentos bellos que habríamos compartido, de esos cuadernos que se quedaron sin rayar, de aquellas almohadas por destrozar, de aquellos juguetes que se van a quedar esperando que alguien los arrulle, de esas noches que papá no te va a contar un cuento o mamá no te va a cantar una canción.

Pequeño angelito, que Dios te tenga en su seno.

Tu mami

E. V. A.

Ser mujer es valorar la vida y entender que éstos son los momentos para gozar y disfrutar cada etapa en la vida de sus hijos, que éste es el instante en que debe decir "te quiero", jugar almohadazos, tomar helados, mojarse bajo la lluvia y hartarse de las risas y sonrisas de sus pequeños, que harán eco en su corazón por toda la eternidad.

E. V. A.

No te preocupes por lo que hacen tus hijos, ocúpate más en lo que haces tú por tus hijos.

E. V. A.

Las mujeres más felices, como las naciones más dichosas, no tienen historia.

Marian Evans

La felicidad no está lejos, estira la mano y, si observas bien, la encontrarás.

E. V. A.

———————————— ဆာ ————————————

Florence Nightingale (1820-1910), británica, es considerada la madre de la enfermería moderna. Se rebeló contra los prejuicios de su época y contra su destino de mujer que debía permanecer en el hogar, y escogió la profesión de enfermera. Su mayor éxito fue su participación en la guerra de Crimea, donde hizo caer la tasa de mortalidad de 40% a 2%. Fue la primera mujer miembro de la Statistical Society. Miembro honoraria de la Asociación Americana de Estadística, la reina Victoria le otorgó la Royal Red Cross y fue la primera mujer condecorada con la Order of Merit. ☙ ————————————

∞

LOS RECUERDOS

Había pasado todo el día con su mamá en un gran almacén. Esa bella pelirroja, con cara pecosa, clara imagen de la inocencia, no debe de haber tenido más de seis años.

Cuando se disponían a abandonar el almacén, llovía a cántaros. Aquella clase de lluvia que, cuando cae tan fuerte desde las nubes, no te permite distinguir la distancia entre una gota y otra... Ni siquiera las ves golpear el suelo.

Todos nos quedamos frente a la puerta, resguardados de la lluvia. Esperábamos; algunos con paciencia y otros irritados, porque la naturaleza les estaba estropeando su prisa rutinaria. Siempre me ha encantado la lluvia. Me pierdo ante la vista de los cielos lavando la suciedad y el polvo de este mundo. Al mismo tiempo, los recuerdos de mi infancia, corriendo bajo la lluvia, son bienvenidos como una forma de aliviar todas mis preocupaciones.

La voz de aquella chiquita era muy dulce y rompió mi trance hipnótico con esta inocente frase:

—Mamá, corramos a través de la lluvia.

—¿Qué? —dijo su mamá.

—Sí, mamá... Corramos a través de la lluvia.

—No, mi amor... Esperemos a que baje la lluvia —contestó la mamá pacientemente.

La niña esperó otro minuto y repitió:

—Mamá, corramos a través de la lluvia.

Y la mamá le dijo:

—Pero si lo hacemos, nos empaparemos.

—No, mamá, no nos mojaremos. Eso no fue lo que le dijiste esta mañana a papá.

Tal fue la respuesta de la niña, mientras jalaba el brazo de su madre.

—¿Esta mañana? ¿Cuándo dije que podemos correr a través de la lluvia y no mojarnos?

—¿Ya no lo recuerdas? Cuando hablabas con papá acerca de su cáncer, le dijiste que si Dios nos hace pasar a través de esto, puede hacernos pasar a través de cualquier cosa.

Todos nos quedamos en absoluto silencio. Juro que no se escuchaba nada más que la lluvia. Todos nos quedamos parados, silenciosamente. Nadie entró ni salió del almacén en los siguientes minutos.

La mamá se detuvo a pensar por un momento acerca de lo que debería responder.

Aquel era un momento crucial en la vida de esa joven criatura, un momento en el que la inocencia y la confianza podían ser motivadas, de manera que algún día florecieran en una inquebrantable fe.

—Amor, tienes toda la razón. Corramos a través de la lluvia. Y si Dios permite que nos empapemos, puede ser que él sepa que necesitamos una lavadita.

Y salieron corriendo.

Todos nos quedamos viéndolas, riéndonos mientras corrían por el estacionamiento, pisando todos los charcos. Por supuesto que se empaparon, pero no fueron las únicas. Las siguieron unos cuantos que reían como niños mientras corrían hacia sus carros.

Sí, es cierto, yo también corrí. Y si, también me empapé. Seguro Dios pensó que necesitaba una lavadita.

Las circunstancias o las personas pueden quitarnos nuestras posesiones materiales, pueden llevarse nuestro dinero y pueden llevarse nuestra salud. Pero nada ni nadie puede quitarnos nuestras más valiosas posesiones: los recuerdos.

Anónimo

Ser mujer es darse una lavadita del alma y entender que hay cosas más preciadas que el dinero y las posesiones; ésas las dan todos los momentos mágicos que se encierran en cada una de las actitudes que suele tener una madre para sus seres queridos y que son muestras de distinción, del toque celestial divino que le fue otorgado.

E. V. A.

El eterno femenino nos impulsa hacia arriba.

Goethe

Decir palabras agradables sin ponerlas en práctica es como tener una bella flor sin fragancia.

Buda

Por muy larga que sea la tormenta, el sol siempre vuelve a brillar entre las nubes.

Gibrán Jalil Gibrán

───────────── ✠ ─────────────

Nacida (1933) como la princesa Hélène Elizabeth Louise Amélie Paula Dolores Poniatowska Amor, ciudadana mexicana de ascendencia francesa. De amplia y destacada producción, la influencia de sus puntos de vista entre los sectores intelectuales más prominentes de México ha sido notable durante casi toda su carrera. Ha recibido varios doctorados honoris causa. El gobierno de la Ciudad de México ha instaurado el Premio Internacional de Poesía Elena Poniatowska para premiar las obras en este estilo literario. ☙ ─────────────

Dios mío, ¿por qué a mí?

Era un día como cualquier otro, todas las mañanas al levantarme hacía algo de ejercicio, después me bañaba, desayunaba y me despedía con un beso rutinario y displicente.

En cambio, ella era muy diferente: todos los días se levantaba con una sonrisa como dando gracias a Dios por permitirle disfrutar un nuevo día, me abrazaba y se despedía con un gran beso fortificado con un "que te vaya bien, te deseo toda la suerte del mundo, no olvides que te quiero".

Creo que ya hasta me molestaba su despedida.

Ese día, al salir de casa rumbo a su trabajo y después de desearme toda la suerte del mundo, condujo su automóvil hacia su último adiós.

Los detalles no tienen importancia, sólo sé que cambió drásticamente mi destino. Su automóvil fue arrollado por un camión de transporte público y, al sacar su cuerpo casi inerte, expresó una bendición para mí.

Hasta en sus últimos momentos pensó en mí.

Minutos más tarde falleció y recibí una llamada que me notificó lo sucedido. No sabía qué hacer, creí que era una pesada broma, no me resignaba a creerlo, "¡pero si hoy en la mañana se despidió de mí!", me dije una y otra vez. Creí que era una pesadilla, las lágrimas inundaban mi rostro y, sin saber cómo, corrí hacia donde estaba ella.

La duda inundó mi interior. En un plan egoísta deseaba que fuera otra persona; sin embargo, era ella. ¡Ahí estaba su cuerpo inerte y rostro ensangrentado!

En un afán de reproche, llorando y con la ira en mis entrañas, grité:

—¿Por qué te llevas a la gente buena? Llévame a mí, termina con la vida del homicida, del drogadicto, del ladrón, del violador, de la gente que les hace mal a otros.

"¿Por qué a ella, que se preocupaba por los demás y ayudaba a todos sin esperar nada a cambio?"

Y Dios me respondió:

—Hijo mío, llamo a mí a quienes cumplieron con su destino, que supieron dar amor, que tuvieron la valía de dar lo mejor de sí mismos sin esperar nada a cambio, dejando un mundo mejor al que encontraron.

"Esos seres merecen el descanso eterno y estar a mi lado, porque son los ángeles que requiero para que aconsejen a los corazones de los seres humanos y los guíen a la felicidad".

En ese momento alcé mi rostro al cielo y le grité sollozando:

—Dame otra oportunidad, Señor; te prometo que voy a cambiar, que tendré todos los detalles que no le supe dar, que me despediré de ella con todo el amor que se merece, que no faltará un pretexto para manifestarle mis sentimientos, que conocerá en mí al mejor de los hombres.

—Querido hijo, ella ya platicó conmigo y créeme que, con todos tus defectos, ella siempre supo que eras el mejor de los hombres.

Después de unos minutos se interrumpió mi conversación; quedé en silencio y sentí un frío escalofriante; comprendí que hoy es el mejor momento para expresarle a los seres que amas todo tu amor.

—Dios mío, ¿por qué a mí?

E. V. A.

Ser mujer es saber cumplir con su destino, dar amor, otorgar lo mejor de ella misma sin esperar nada a cambio, dejando un mundo mejor al que encontró y brindando un recuerdo de grandeza en aquellos que tuvieron la fortuna de estar a su lado, de haberla amado, de haberla disfrutado, de haberse sentido querido por este hermoso ángel.

E. V. A.

Sin la mujer, al comienzo de nuestra vida, nos hallaríamos desvalidos; a la mitad de ella, sin placer; y al final, sin consuelo.

Victor de Jouy

No puedes vencer a una mujer que reza. Ella encuentra respuesta dondequiera que busca.

Margaret Lee Runbeck

Perdonar sana la herida; olvidar sana la cicatriz.

Anónimo

───────────────── ✇ ─────────────────

Junko Tabei (1939) es una montañera japonesa que se convirtió en la primera mujer que alcanzó la cima del Monte Everest el 16 de mayo de 1975. En 1992, Tabei fue la primera mujer que alcanzó las Siete Cumbres, es decir, las siete montañas más altas del mundo. ⌀ ──

PARA SER FELIZ

Cuando una mujer perdió a su esposo, al que amaba profundamente, se sintió sumergida en el más terrible de los desconsuelos. Por meses enteros pareció olvidar qué significaba sonreír. Un día se asomó casualmente por la ventana y vio a dos niños en la calle.

Parecían muy pobres. Iban descalzos y cubiertos apenas por trapos. La mujer salió de su magnífica residencia y les preguntó:

—¿Quiénes son sus padres?

—Somos huérfanos —contestaron los niños.

—¿Quién cuida de ustedes? —preguntó otra vez.

—Nuestros vecinos nos hacen regalitos de vez en cuando —respondieron—, con los que hemos logrado sobrevivir.

Olvidándose por un momento de su dolor, la mujer llevó a los niños a una tienda y les dijo:

—Tomen lo que deseen: ropa, zapatos, dulces... ¡Lo que quieran!

Los niños no podían creerlo. Mientras elegían lo que necesitaban, su alegría llegó más allá de todo límite, y algo de su gozo se filtró en el corazón de la mujer.

Se olvidó de sus penas y por primera vez en meses su rostro de cubrió de sonrisas.

En la medida en que hacemos felices a los demás, nos hacemos felices a nosotros mismos y, a menudo, más.

J. P. Vaswani

Ser mujer es observar diferentes caminos para encontrar la felicidad, darle la mano al necesitado y sembrar una esperanza en aquellos que necesitan todo ese potencial de amor que sólo ella puede brindar. Es amar sin límites y hacer felices a los demás en la misma medida en que conoce ella misma la felicidad.

E. V. A.

Una mujer buena es un tesoro oculto. Aquel que la descubra hará bien en no vanagloriarse de ello.

François de La Rochefoucauld

El corazón tiene razones que la razón no comprende.

Blaise Pascal

Cuanto menos poseemos, más podemos dar. Parece imposible, pero no lo es. Ésa es la lógica del amor.

Madre Teresa de Calcuta

————————— ❧❦ —————————

María Teresa (1717-1780). Emperatriz de Austria, reina de Hungría y de Bohemia, hija de Carlos VI. Tuvo que afrontar la Guerra de Sucesión de Austria contra Rusia. Luchó contra Federico II en la Guerra de los Siete Años. Practicó el despotismo ilustrado, realizó importantes reformas centralizadoras y fue partidaria del mercantilismo. ❦ —————————

MAMÁ, PAPÁ SE QUIERE CASAR

—¡Hola, mamá, papá se quiere casar! —decía una niña de seis años mirando la estrella más brillante del firmamento.

"¿Sabes?, su novia es muy buena conmigo, juntas unimos nuestras manos, rezamos y le pedimos a Diosito que nos proteja y te cuide en el cielo; me cuenta bonitas historias y me da un beso antes de dormir.

"Sé que papá la quiere, pero te extraña a ti, ya que algunas veces lo he visto triste y decir tu nombre entre sollozos.

"Mi hermanito apenas te recuerda; claro, él es pequeño, yo ya soy grande y comprendo más lo que pasó, pero sé que te extraña muchísimo y, como yo, jamás te va a olvidar.

"Hace dos años, mamita, te fuiste a vivir con Dios y parte de mi corazoncito también se fue contigo. ¡Cómo extraño tus cantos, tus besos, esa forma que tenías de estrecharme entre tus brazos y decirme 'te amo'! ¡Cómo voy a olvidar!

"Dime cómo voy a olvidar esa bella sonrisa y hasta tus regaños, cómo dejar de pensar en tus desvelos mientras enfermaba y en ese amor que tú emanabas y que impregnaba la casa de tu esencia.

"Hoy los doctores le dijeron a la novia de papá que no podía tener hijos y ella dijo: '¿Para qué quiero tener hijos si ya tengo dos maravillosos niños que dejó a mi cuidado una gran mujer?'.

"Y nos abrazó a mi hermanito y a mí, y nos dio muchos besos mientras las lágrimas inundaban su rostro.

"Pero papá se va a casar, mamá, contéstame desde el cielo, ¿estás de acuerdo, mamita?".

Y un copo de nieve cayó sobre la nariz de la pequeña.

—Gracias, mamita, por estar de acuerdo. Te quiero mucho, hasta mañana.

En ese instante una estrella fugaz iluminó el horizonte, el cielo se tornó más hermoso aún.

Ella cerró la ventana, mandó un beso al cielo y se dispuso a dormir plácidamente.

E. V. A.

Ser mujer es dejar un recuerdo de esperanza, una luz que ilumine el camino de sus seres queridos, es fortalecer los corazones que necesitan un consuelo, es una estrella fugaz que da suerte al que la necesita y que nos hace recordar el gran amor que ha depositado Dios en cada uno de los corazones maternales que envuelven en paz los hogares de la tierra.

E. V. A.

No hay que elegir por esposa sino a la mujer que se elegiría por amigo si fuera hombre.

Joseph Joubert

Y Dios no sabía cómo aconsejar a tantos corazones alejados de su palabra y creó a las madres.

E. V. A.

La oración es un ejercicio para el espíritu como el pensamiento lo es para la mente.

Mary F. Smith

───────────────── ❧❧ ─────────────────

Margaretha Geertruida Zelle (1876-1917), Holanda. Se convirtió en bailarina hindú y como tal la aclamaban en los escenarios de Montecarlo, Berlín o París, donde tuvo gran éxito. Claro que su leyenda, la que la hizo entrar en la Historia, nace realmente de sus hazañas como espía. Su madre murió cuando ella nació, y los sacerdotes que la adoptaron le pusieron de nombre Mata-Hari, que en malayo quiere decir algo así como "ojo del día". ∞ —

∽

EL NIÑO DEL CORAZÓN DE ORO

Entré a la tienda departamental de mi ciudad para hacer unas compras navideñas de último minuto. Miré a toda la gente y renegué entre dientes:"estaré allí para siempre". Y tenía muchísimo qué hacer.

La Navidad estaba comenzando a ser un enfado. Yo preferiría dormir hasta que pasara la Navidad. Me fui lo más pronto posible y me dirigí al departamento de Juguetes.

Estando allí, renegué de nuevo sobre los precios de todos los juguetes y me puse a pensar si mis nietos los apreciarían y si iban a jugar con ellos.

Me encontré en la sección de las muñecas. De reojo, miré a un niño de más o menos cinco años abrazando una linda muñeca. Le tocaba su cabello y la abrazaba tan tiernamente, que yo, sin querer, seguía volteando hacia el niño, pensando para quién sería esa muñeca.

Observé que volteó, llamó a su tía por su nombre, y le dijo:

—¿Estás segura de que no tenemos suficiente dinero?

La mujer le respondió con impaciencia:

—Tú sabes que no tenemos suficiente dinero para ella.

Su tía se volvió a ir y le dijo que no se moviera de allí, que ella tenía que tomar otras cosas y regresaría en pocos minutos. Luego se retiró. El niño continuó abrazando la muñeca.

Después de un rato, me acerque a él y le pregunté para quién era la muñeca.

Me contestó:

—Es la muñeca que tanto ansió mi hermanita esta Navidad. Ella estaba segurísima de que Santa Claus se la regalaría.

Le dije que, quizás, Santa Claus se la llevaría.

Y él me contestó:

—No, Santa no puede ir a donde está mi hermana... Tengo que darle la muñeca a mi mamá para que ella se la lleve.

Le pregunté dónde estaba su hermanita.

Me miró con sus ojos llenos de tristeza y me dijo:

—Ella se ha ido al Cielo con Jesús. Mi papá dice que mamá tendrá que irse para estar con ella.

Mi corazón casi paró de latir. Luego el niño me volvió a mirar y me dijo:

—Le dije a mi papá que le dijera a mi mamá que no se fuera todavía. Que esperara hasta que volviera de la tienda.

Enseguida me preguntó si quería ver su fotografía.

Le dije que me encantaría.

Sacó unas fotos que se había tomado y me dijo:

—Quiero que mi mamá se lleve estas fotos para que nunca me olvide. Yo quiero tanto a mi mamá, quisiera que no tuviera que dejarme, pero papá dice que necesita estar con mi hermanita.

Miré que el niño agachó su cabeza y se puso muy callado. Mientras él no miraba, metí mi mano en mi bolso y tomé un puño de billetes. Le pregunté al niño:

—Contemos de nuevo el dinero.

Se puso muy contento y me respondió que sí, que él sabía que tenía que ser suficiente. Metí mi dinero entre el de él y lo comenzamos a contar. Era lo suficiente para la muñeca.

Suavemente dijo:

—Gracias, Jesús, por darme suficiente dinero —después agregó—. Le pedí a Jesús que me diera suficiente dinero para comprar esta muñeca y así mamá se la pueda llevar a mi hermanita. El escuchó mi oración. También quería pedirle para comprarle una rosa blanca a mi mamá, pero no se lo pedí. Sin embargo, Él me dio lo suficiente para comprar la muñeca y la rosa para mi mamá. A ella le encantan las rosas blancas, muchísimo.

En unos momentos regresó la tía y yo me fui con mi carreta.

No podía dejar de pensar en el niño mientras terminaba de hacer mis compras. Debido a ese pequeño, tenía una actitud y sentimientos totalmente diferentes a cuando comencé.

Estaba recordando algo que había leído en el periódico unos días antes, sobre un conductor ebrio que había chocado contra un carro, matando a una niña y que la mamá estaba en condición muy crítica. La familia estaba tratando de decidir si quitarle la vida artificial. Pero, seguramente, este niño no podría ser parte de ese relato.

Dos días después leí la noticia de que la familia había decidido desconectar la vida artificial. No me pude resistir, fui y compré unas rosas blancas y las llevé a la funeraria donde estaba la joven mujer. Allí estaba ella, sosteniendo una linda rosa blanca, la hermosa muñeca y la foto del niño de la tienda.

Me fui de allí llorando y mi vida cambió para siempre.

El amor que ese pequeño tenía para su hermanita y su madre era sobresaliente. Y en un instante un conductor trozó su vida en pedazos.

Anónimo

Ser mujer es tener la capacidad de ayudar a sus semejantes y comprender al niño que necesita, más que palabras o regaños, un consuelo que lo ayude a encontrar la paz que requiere su pequeño corazón. Ser mujer es ser capaz de llorar cuando el niño perdió su partido de futbol, de entristecerse por la muerte de su mascota o jugar a ser niña, antes que madre.

E. V. A

Sabemos que Dios enjuga todas las lágrimas, pero, ciertamente, se siente bien cuando Él utiliza manos humanas.

Mary Paulson-Lauda

Si hay debajo de la luna cosa que merezca ser estimada y preciada es la mujer buena.

Fray Luis de León

Recuerda que sólo tienes un alma; que sólo tienes una muerte que morir; que sólo tienes una vida, que es corta y que tiene que ser vivida sólo por ti; y que sólo hay una gloria que es eterna. Si lo haces, habrá muchas otras cosas de las que no te preocuparás.

Teresa de Ávila

Teresa de Cepeda y Ahumada (1515-1582), religiosa, doctora de la Iglesia Católica, mística y escritora española; fundadora de las Carmelitas Descalzas, rama de la Orden de Nuestra Señora del Monte Carmelo o carmelitas. También es conocida por el nombre de Santa Teresa de Jesús o, simplemente, Santa Teresa de Ávila. ∞ —

¿DÓNDE VIVE DIOS?

—Abuelita, hace mucho que no te veía, ya se me estaba olvidando tu rostro —decía un pequeño de cuatro años.

—Pues bien, aquí me tienes, pequeño, para que me recuerdes toda la vida —replicó la abuelita.

—Abuelita, ¿dónde vive Dios?

—En todas partes, pequeñito.

El niño, asombrado, dejó ver aún más sus hermosos ojos azules.

—Pero no lo veo abuelita.

—Dios vive en tus actos y lo ves en la respuesta a esos actos. El día de ayer ibas con mami al parque y una viejita te pidió un moneda para comer; tú tomaste dos moneditas que te regaló mamá y se las obsequiaste a esa pobre mujer y ella, como respuesta, te sonrió. Ahí está Dios.

"Cuando tu amiguita Laura se lastimó en el jardín y corriste a auxiliarla prestándole tu pañuelo para curar su herida, ella, como respuesta, te dio un beso en la mejilla. Ahí viste a Dios.

"En cada acción buena que emprendas en la vida verás el rostro de Dios".

—Entonces, ¡todos los días trataré de ver el rostro de Dios! Abuelita, prométeme que vas a vivir toda la vida.

—Te prometo que voy a estar contigo toda la vida y, como símbolo de nuestro pacto, te voy a dar un beso en la mejilla.

—Te quiero mucho, abuelita.

En eso entra la mamá al cuarto y le dice al niño:

—¿Con quién hablas, pequeño? Ya deja la foto de tu abuelita, ella te está cuidando desde el Cielo.

—No hablo con nadie, mamá, sólo extraño mucho a mi abuelita.

E. V. A.

Ser mujer es saber brindar un consejo, no sin antes ponerse en el lugar de los demás para escuchar no sólo con los oídos, sino con los ojos y el corazón, donde ella siente, intuye, observa y oye con el razonamiento y el corazón; brindar toda la atención, tratando de entender a la otra persona y dar lo mejor de sí misma.

E. V. A.

Una mujer hermosa agrada a los ojos; una mujer buena agrada al corazón: la primera es un dije, la segunda es un tesoro.

Napoleón

La Navidad no empieza el fin de año; comienza en cada acción noble y humana que emprendes día con día.

E. V. A.

Es bueno ser importante, pero más importante es ser bueno.

Anónimo

———————————— ❧❦ ————————————

Isabel Flores de Oliva (1586-1617), más conocida como Santa Rosa de Lima, es una santa peruana. Mística terciaria dominica canonizada por el Papa Clemente X en 1671. Es la primera Santa de América, excelsa Patrona de Lima y el Perú, del Nuevo Mundo y Filipinas. Es, además, patrona de institutos armados: Policía Nacional de la República del Perú y de las Fuerzas Armadas de Argentina. ❧ ————————————————

☞

EL ÁRBOL DE LAS MANZANAS

Hace mucho tiempo existía un enorme árbol de manzanas. Un pequeño niño lo amaba mucho y todos los días jugaba alrededor de él. Trepaba al árbol hasta el tope, comía sus manzanas y tomaba una siesta bajo su sombra.

Él amaba al árbol y el árbol amaba al niño.

Pasó el tiempo y el pequeño niño creció y nunca más volvió a jugar alrededor del enorme árbol.

Un día, el muchacho regresó al árbol y escuchó que el árbol le dijo triste:

—¿Vienes a jugar conmigo?

Pero el muchacho contestó:

—Ya no soy el niño de antes que juega alrededor de enormes árboles, lo que ahora quiero son juguetes y necesito dinero para comprarlos.

—Lo siento —dijo el árbol—, no tengo dinero. Pero te sugiero que tomes todas mis manzanas y las vendas; de esa manera obtendrás el dinero para tus juguetes.

El muchacho se sintió muy feliz, tomó todas las manzanas y obtuvo el dinero, y el árbol volvió a ser feliz. Pero el muchacho no volvió después de obtener el dinero y el árbol volvió a estar triste.

Tiempo después, el muchacho regresó y el árbol se puso feliz y le preguntó:

—¿Vienes a jugar conmigo?

—No tengo tiempo para jugar, debo trabajar para mi familia, necesito una casa para compartir con mi esposa e hijos, ¿puedes ayudarme?

—Lo siento, no tengo una casa; pero... puedes cortar mis ramas y construir tu casa.

El joven cortó todas las ramas del árbol y esto hizo feliz nuevamente al árbol. Pero el joven no volvió desde esa vez y el árbol volvió a estar triste y solitario.

Cierto día de un cálido verano, el hombre regresó y el árbol estaba encantado.

—¿Vienes a jugar conmigo? —preguntó.

El hombre contestó:

—Estoy triste y volviéndome viejo, quiero un bote para navegar y descansar, ¿puedes darme uno?

El árbol contestó:

—Usa mi tronco para que construyas uno y así puedas navegar y ser feliz.

El hombre cortó el tronco y construyó su bote; luego se fue a navegar por un largo tiempo.

Finalmente regresó después de muchos años y el árbol le dijo:

—Lo siento mucho, pero ya no tengo nada que darte, ni siquiera manzanas.

El hombre replicó:

—No tengo dientes para morder ni fuerza para escalar. Por ahora ya estoy viejo.

Entonces, el árbol, con lágrimas en sus ojos, le dijo:

—Realmente no puedo darte nada... La única cosa que me queda son mis raíces muertas.

Y el hombre contestó:

—Yo no necesito mucho ahora, sólo un lugar para descansar, estoy tan cansado después de tantos años.

—Bueno, las viejas raíces de un árbol son el mejor lugar para recostarte y descansar. Ven, siéntate conmigo y descansa.

El hombre se sentó junto al árbol y éste, feliz y contento, sonrió con lágrimas.

Anónimo

Ser mujer es ser capaz de entregar todo de sí, proteger en cada etapa de la vida a sus hijos sin esperar nada a cambio, es brindar, cada vez que se necesite, el consuelo que requieren sus seres amados y allanar el sendero destemplado de la vida hacia un futuro promisorio.

E. V. A.

El hombre reina y la mujer gobierna.

P. A. Ponson du Terrail

Nunca sabemos cuán altos somos hasta que se nos pide levantarnos. Y si entonces somos fieles a nuestro intento, nuestra estatura tocará el cielo.

Emily Dickinson

Si quieres un lugar bajo el sol, tienes que soportar algunas ampollas.

Abigail Van Buren

—————————— ✂ ——————————

María Antonieta (1755-1793), reina de Francia, hija del emperador de Austria Francisco I y de María Teresa, casó con el futuro Luis XVI. Impopular por sus escándalos y enemiga de las reformas, se hizo famosa por haber sido sometida a la guillotina frente al pueblo francés. ∞ ——

∽

Papá no está muerto

Qué triste día, acabamos de enterrar a papá. Mamá está desconsolada y con el rostro desencajado, mis hermanos se encuentran inconsolables; se fue para siempre el viejo, ¡cómo lo voy a extrañar!

Han transcurrido dos horas desde que dejamos a papá en aquella fosa y mamá no ha dicho ni una sola palabra.

Ya en casa, mamá nos mandó llamar, en medio de nuestro desánimo, y nos dijo:

—Hijos, sé los momentos de angustia que están pasando y lo triste de esta situación. Hay veces que creemos que las personas que amamos van a estar con nosotros toda la vida, pero en cualquier momento se van. Sin embargo, siempre dejan algo de ellos en cada uno de nosotros, en cada parte del hogar que formaron, por eso quiero decirles que papá no ha muerto.

—¿Qué? —gritamos todos al unísono.

—Papá... no ha muerto, como lo escucharon.

—Mamá no hagas esas bromas —le manifesté—, lo acabamos de enterrar.

—Es cierto, hijo —me dijo—, pero, ¿ves aquel cuadro en el que aparece un bebé? Él lo pintó cuando tú te-

152

nías sólo dos meses; la imagen de ese pequeño que con su dedo toca el cielo y entonces éste se torna más azul significa que alguna ocasión tú tocaste con tus manitas el dedo de tu papá y su corazón y su alma quedaron prendados a ti por toda la eternidad.

"Esta casa que construimos con tanto trabajo para ustedes no es más que esfuerzo y privaciones de muchos años para que tuvieran un lugar donde correr alegres y nosotros pudiéramos tener una vejez tranquila.

"¿Recuerdas aquella ocasión en que tu hermano rompió un vidrio y nadie lo vio? ¿Qué hizo papá cuando llegaron los vecinos en la noche? Fue y ofreció repararles las averías y también una disculpa. Bien pudo quedarse callado, pues nadie sabía quién había roto ese vidrio, pero les dio una muestra de honestidad en la vida.

"¿Se acuerdan cómo cada noche dedicaba un espacio de su tiempo para jugar con ustedes y al terminar cerraba ese gran día con la lectura de un cuento?"

Asentimos con la cabeza.

—Pues, bien, hijos, su padre no ha muerto, vive en ese cuadro, en cada rincón de esta casa, en cada principio que les inculcó, en cada consejo que les dio, en cada momento que disfrutamos con él. El día en que ustedes abandonen sus enseñanzas, arrinconen sus recuerdos y se olviden de este hogar, él morirá. Por favor, hijos, nunca olviden sus raíces.

En ese momento, mamá estalló en lágrimas y nosotros con ella; sin embargo, mamá tiene toda la razón. Papá no ha muerto, vive a través de sus enseñanzas; sus valores, sus detalles, su amor y su esencia van a vivir en nuestros corazones por toda la eternidad.

E. V. A.

Ser mujer es saber imponerse ante las adversidades que le brinda la vida, cumplir con su misión existencial y guiar hasta el último suspiro con la firme esperanza de que deje un mundo mejor al que encontró.

Ser mujer es ver el toque humano donde otros sólo observan cosas materiales y vanas.

E. V. A.

La mujer sabia edifica su casa, mas la necia, con sus manos la derriba.

Proverbio bíblico

Una mujer debe ser un genio para crear un excelente esposo.

Honoré de Balzac

El preocuparse no acaba con la tristeza del mañana, agota la fortaleza de hoy.

Corrie ten Boom

──────────── ℘ ────────────

Vigdis Finnbogadottir (1930). En 1980 fue la primera mujer en el mundo en obtener el cargo de presidenta de modo democrático y la cuarta en ocupar el cargo en su país, Islandia. Fue la creadora de los primeros cursos de formación para guías turísticos en el país. Formó parte del Comité de Cultura de los países nórdicos. Fue presidenta de la Comisión Mundial de Ética del Conocimiento Científico y Tecnológico de la UNESCO. A título personal, defiende la diversidad lingüística, los derechos de la mujer, la ecología y la educación. ∞ ────────────

⦿

Conocer a Dios

Un niño pequeño quería conocer a Dios. Sabía que era un largo viaje hasta donde Dios vive, así que empacó su maleta con pastelitos y seis refrescos, y empezó su jornada.

Cuando había caminado como tres cuadras, se encontró con una mujer anciana. Ella estaba sentada en el parque, sólo contemplando algunas palomas.

El niño se sentó junto a ella y abrió su maleta. Estaba a punto de beber de su refresco, cuando notó que la anciana parecía hambrienta, así que le ofreció un pastelillo.

Ella, agradecida, lo aceptó y sonrió al niño.

Su sonrisa era muy bella; tanto que el niño quería verla de nuevo, así que le ofreció uno de sus refrescos.

De nuevo, ella le sonrió.

El niño estaba encantado. Se quedó toda la tarde comiendo y sonriendo, pero ninguno de los dos dijo nunca una sola palabra.

Mientras obscurecía, el niño se percató de lo cansado que estaba, se levantó para irse, pero antes de seguir sobre sus pasos, dio vuelta atrás, corrió hacia la anciana y le dio un abrazo.

Ella, después de abrazarlo, le dio la más grande sonrisa de su vida.

Cuando el niño llegó a su casa y abrió la puerta, su madre estaba sorprendida por su cara de felicidad. Entonces le preguntó:

—Hijo, ¿qué hiciste hoy que te hizo tan feliz?

El niño contestó:

—¡Hoy almorcé con Dios!

Y antes de que su madre contestara algo, añadió:

—¿Y sabes qué? ¡Tiene la sonrisa más hermosa que he visto!

Mientras tanto, la anciana, también radiante de felicidad, regresó a su casa. Su hijo se quedó sorprendido por la expresión de paz en su cara, y preguntó:

—Mamá, ¿qué hiciste hoy que te ha puesto tan feliz?

La anciana contestó:

—¡Comí pastelitos con Dios en el parque!

Y antes de que su hijo respondiera, añadió:

—Y ¿sabes? ¡Es más joven de lo que pensaba!

George C. Scott

Ser mujer es saber observar la grandeza de Dios en todo su esplendor; es atreverse a mirarla en el colibrí que liba el néctar de una flor; en el arco iris que se forma detrás de una llovizna con sol; en la manita de un bebé que atrapa el dedo materno; en toda la felicidad que se encuentra a su alrededor, y saber dar gracias por tantos regalos.

E. V. A.

¡Fragilidad, tu nombre es mujer!

William Shakespeare

Si Dios es tu socio, haz grandes planes.

Martha Lupton

No importa lo alto que seas, sino las alturas que puedas conquistar.

F. Kanga

Sofía de Grecia, princesa de Grecia y Dinamarca, nacida en Atenas, es la reina consorte de España, al ser la esposa del rey Juan Carlos I. Es la hija primogénita del rey Pablo I de Grecia y de la reina Federica de Hanóver, que eran príncipes cuando ella nació. Desde su nacimiento hasta su matrimonio ostentó el título de Su Alteza Real, Princesa Sofía de Grecia y Dinamarca. ∽ ───────

∞

AYER, HOY Y MAÑANA

Una hermosa niña y su abuelo se encontraban recostados en una hamaca mientras observaban las estrellas y las caprichosas figuras que éstas forman; en medio de la tranquilidad que brinda la noche, la niña le preguntó a su abuelo:

—Abuelo, ¿por qué algunos hombres hablan del ayer, otros del mañana y otros del hoy?

El abuelo, observando los bellos ojos verdes de la niña, contestó:

—Las personas que hablan del ayer viven de sus recuerdos, del pasado, de momentos que fueron, pero que ya no vendrán; son los que creen que los tiempos pasados fueron mejores, tal vez porque en aquellas épocas vivieron los instantes más gratos de su vida; otros los utilizan para justificar su miedo al presente y al futuro.

"Las personas que hablan del mañana son aquellas que todo lo dejan para después; en el mañana van a realizar las tareas que no pueden realizar, en el mañana empiezan los objetivos o metas que no van a realizar, total que ese mañana nunca llega y lo único que queda es una tremenda frustración al observar que en su vida siempre se comportaron de forma mediocre.

"El hoy es la palabra de los líderes, de los grandes hombres de la historia, de los verdaderos discípulos de Dios; es el momento en el que tenemos que actuar y empezar a realizar todos nuestros sueños, es el momento en el que nos tenemos que revelar contra nuestros malos hábitos y costumbres, es el concepto de la gente triunfadora.

"Recuerda, hermosa criatura, que el pasado jamás regresará, ya quedó atrás; el mañana es la palabra que utiliza la gente ordinaria para esconder su mediocridad; pero el hoy tienes que vivirlo intensamente, como si fuera el último día de tu existencia, mas tienes que planearlo como si nunca fueras a morir y el futuro te recibirá con los brazos abiertos".

La niña selló con un beso en la mejilla del abuelo su aprobación por aquella hermosa explicación y continuaron disfrutando intensamente aquella noche hermosa.

E. V. A.

Ser mujer es vivir el hoy plenamente en armonía con la naturaleza, es atreverse a amar hoy, sin importar lo que pueda pasar el día de mañana, es lanzar su espíritu a los proyectos que pueda emprender hoy, sin dejar nada para después. Es olvidar el pasado y atreverse a disfrutar el presente.

E. V. A.

El que vive no debe luchar con los muertos.

Torquato Tasso

No encuentres la falta, encuentra el remedio.

Henry Ford

El hombre más rico del mundo no es el que todavía tiene el primer dólar que ganó, es aquel que conserva a su primer amigo.

Martha Mason

Oprah Gail Winfrey (1954), presentadora de televisión y actriz estadounidense. Varias veces ganadora del Premio Emmy por el *show* The Oprah Winfrey Show, el *talk show* más visto en la historia de la televisión. Además, es una influyente crítica de libros, actriz nominada al Premio Oscar y editora de su propia revista. Según la revista *Forbes*, fue la afroamericana más rica del siglo XX y la mujer más poderosa de 2005. *Life* la ha clasificado como la mujer más influyente de su generación y *Time* la ha nombrado una de las cuatro personas que han dado forma al siglo XX y al inicio del XXI. En 2005, la revista *Business Week* la clasificó como la más grande filántropa de origen negro en la historia de los Estados Unidos.

Hijo mío

Hijo mío:

El día que esta vieja ya no sea la misma, ten paciencia y compréndeme.

Cuando derrame comida sobre mi camisa y olvide cómo atarme los zapatos, recuerda las horas que pasé enseñándote a hacer las mismas cosas.

Si, cuando converses conmigo, repito y repito la misma historia que sabes de sobra cómo termina, no me interrumpas y escúchame. Cuando eras pequeño, para que te durmieras tuve que contarte miles de veces el mismo cuento hasta que cerrabas tus ojitos.

Cuando estemos reunidos y sin querer haga mis necesidades, no te apenes y comprende que no tengo la culpa de ello, pues ya no puedo controlarlas. Piensa cuántas veces, cuando niño, te ayudé y estuve pacientemente a tu lado esperando a que terminaras lo que estabas haciendo.

No me reproches porque no quiero bañarme, no me regañes por ello. Recuerda los momentos en que te perseguía y los mil pretextos que inventaba para hacerte más agradable tu aseo. Acéptame y perdóname, ya que yo soy la niña ahora.

Cuando me veas inútil e ignorante frente a todas las cosas tecnológicas que ya no podré entender, te suplico que me des todo el tiempo que sea necesario para no lastimarme con tu sonrisa burlona. Acuérdate que fui yo la que te enseñó tantas cosas: comer, vestirte, y te educó para enfrentar la vida tan bien como lo haces; todo ello es producto de mi esfuerzo y perseverancia contigo.

Si, cuando conversemos, me llegase a olvidar de qué estábamos hablando, dame el tiempo que sea necesario para que yo recuerde, y si no puedo hacerlo, no te burles de mí; tal vez no era importante lo que hablaba y me conforme sólo con que me escuches en ese momento.

Si alguna vez ya no quiero comer, no me insistas. Sé cuánto puedo y cuánto debo. También comprende que con el tiempo ya no tengo dientes para morder ni gusto para saborear.

Cuando me fallen mis piernas por estar cansada para andar, dame una mano tierna para apoyarme, como lo hice yo cuando comenzaste a caminar con tus débiles piernitas regordetas.

Cuando algún día me oigas decir que ya no quiero vivir y sólo quiero morir, no te enfades. Algún día entenderás que no tiene nada que ver con tu cariño o cuánto te ame. Trata de comprender que ya no vivo, sino sobrevivo, y eso no es vivir.

Siempre quise lo mejor para ti y he preparado los caminos que has de recorrer. Piensa entonces que con el paso que me adelanto a dar estaré construyendo para ti otra ruta en otro tiempo, pero siempre contigo.

No te sientas triste o impotente por verme como me ves. Dame tu corazón, compréndeme y apóyame como lo hice cuando empezaste a vivir.

De la misma manera como te he acompañado en tu sendero, te ruego me acompañes a terminar el mío. Dame amor y paciencia, que yo te devolveré gratitud y sonrisas con el inmenso amor que tengo por ti.

Anónimo

Ser mujer es saber cómo hacer para que quienes la rodean entiendan hasta dónde puede y debe hacer las cosas, sin importar las críticas o el que dirán. Es evitar falsos servilismos, que sólo cumplen el cometido de devaluarla, sin lograr nada a cambio. Es alzar la voz y decir a los cuatro vientos: "yo tengo derecho a descansar, a que me atiendan, a ser amada a cambio sólo de una sonrisa".

E. V. A.

La mujer salió de la costilla del hombre,
no de los pies para ser pisoteada,
no de la cabeza para ser superior,
sino del lado para ser igual.
Debajo del brazo para ser protegida,
y al lado del corazón para ser amada.

Anónimo

El corazón de la madre es la escuela del niño.

Henry Ward Beecher

El amor es lo único que nos llevamos cuando partimos y lo que hace el final más fácil.

Louise May Alcott

———————————— ∞ ————————————

María Carolina Josefina Pacanins y Niño (1939), luego Carolina Herrera y Marquesa de Torre Casa, por su matrimonio con Reinaldo Herrera, es una reconocida diseñadora de moda internacional. Además, es una empresaria que fundó su propio imperio en 1980 con un gran éxito internacional. Establecida en Nueva York desde 1981, Carolina Herrera ha liderado la calidad en la moda durante las décadas de los años 1970, 1980 y 1990, hasta hoy, para convertirse en una de las mujeres mejor vestidas del mundo. ∞ ————————————

⚭

Receta para una gran mujer

Ingredientes

3 kg de inteligencia
3 kg de observación
½ kg de astucia
Lágrimas al gusto
5 kg de sentimiento
2 kg de fe
½ kg de ceguera
3 kg de fortaleza
5 kg de orgullo
5 kg de belleza interior

½ kg de prudencia
2 L de perseverancia
5 kg de valor
5 kg de escucha
4 L de empatía

Valores al gusto

Amor
Bondad
Economía

Modo de prepararse

Se revuelven la inteligencia con la prudencia para tomar excelentes decisiones; esto tiene que ser con demasiado cuidado, sin que se corte la mezcla, ya que las decisiones no acertadas le van a dar un sabor amargo a la vida.

Una vez que le dé el sazón adecuado, agréguele observación, para que elija acertadamente lo que quiere hacer (sus propósitos, metas, pareja y sueños); tenga cuidado, si no agrega suficiente observación se equivocará y echará a perder la preparación. A la observación hay que agregarle gotas de perseverancia para que se vean cumplidos sus sueños.

A fuego lento se agrega astucia con el fin de no cometer errores que le echen a perder todos sus esfuerzos, y si la astucia la menea con valor, le dará un sabor exquisito que agradecerá todo el tiempo, porque evitará tumbos y no desgastará lágrimas innecesarias. En esos casos, la escucha es fundamental para terminar en forma excelsa la elaboración que inició.

Cuando el matrimonio llegue a su vida, hay que añadirle sentimiento, para que le dé grandeza; complemente, automáticamente, con empatía y le dará el toque que hará que su platillo dure todo el tiempo que usted desee, con un sabor sin igual. Todo esto forjará en su relación un ambiente sensacional que la llevará a la felicidad.

Y cuando los hijos lleguen, será la mujer más feliz del universo; empero, conforme vayan creciendo los niños, tendrá que añadir fe para que sus hijos crezcan sanos y prósperos; a la vez, un toque de valores los hará tomar decisiones adecuadas. Aunque se necesita agregar un poco de ceguera, para hacer caso omiso a aquellas cosas que es preciso saber, pero que es necesario olvidar.

El amor es el ingrediente que adorna esta gran receta, entre más haya, más bello será. Y todos los sabores amargos que se puedan presentar, desaparecerán si se agrega lo más que se pueda de este menjurje.

Si se le da un toque de fortaleza, no habrá ninguna razón para que no termine lo que inició, y si ésta se revuelve con bondad, para qué les cuento, todo saldrá perfecto, porque nada ni nadie podrá echar a perder su preparación.

El orgullo de ser una gran mujer jamás se puede perder; la economía en el hogar tiene que ser rigurosa, para que nunca falte ningún ingrediente, dándole el toque final con belleza interior, que permanecerá en los corazones de su pareja e hijos por toda la eternidad.

Tiempo de preparación: toda la vida.

E. V. A.

Ser mujer es tener la fortaleza para lograr todos sus cometidos, la diligencia para no abandonar ningún proyecto, la presteza para alcanzar más velozmente sus objetivos y la visión para emprender con certeza todas las metas anheladas. Ser mujer es atreverse a planear su vida sin que nadie la planee por ella.

E. V. A.

Oh, mujer, cuando te mueves en las ocupaciones del hogar, tu cuerpo canta como un riachuelo de montaña entre las piedras.

Rabindranath Tagore

Mira las estrellas, pero no te olvides de encender la lumbre en el hogar.

Proverbio alemán

Hay personas que tienen dinero y hay personas que son ricas.

Coco Chanel

───────────── ❧❦ ─────────────

Cristina Fernández de Kirchner (1953) es una política y abogada argentina que actualmente ejerce la presidencia de la nación. Resultó electa por la alianza Frente para la Victoria en las elecciones presidenciales de 2007, convirtiéndose en la primera mujer de la historia argentina en ser elegida para la primera magistratura y la segunda en acceder a ella. Asumió el cargo el 10 de diciembre. ☜

⚭

LO QUE SON, REALMENTE, EL MATRIMONIO Y EL AMOR

Un maestro se encontró frente a un grupo de jóvenes que estaban en contra del matrimonio.

Los muchachos argumentaban que el romanticismo constituye el verdadero sustento de las parejas y que es preferible acabar con la relación cuando ésta se apaga, en lugar de entrar a la hueca monotonía del matrimonio.

El maestro les dijo que respetaba su opinión, pero les comentó lo siguiente:

"Mis padres vivieron cincuenta y cinco años casados. Una mañana, mi mamá bajaba las escaleras para prepararle a papá el desayuno, cuando sufrió un infarto y cayó.

"Mi padre la alcanzó, la levantó como pudo y casi a rastras la subió a la camioneta. A toda velocidad, sin respetar los altos, condujo hasta el hospital. Cuando llegó, por desgracia, ya había fallecido.

"Durante el sepelio, mi padre no habló, su mirada estaba perdida. Casi no lloró. Esa noche sus hijos nos reunimos con él. En un ambiente de dolor y nostalgia recordamos hermosas anécdotas. Él pidió a mi hermano teólogo que le dijera dónde estaría mamá en ese momento.

"Mi hermano comenzó a hablar de la vida después de la muerte, conjeturó cómo y dónde estaría ella. Mi padre escuchaba con gran atención. De pronto pidió: 'Llévenme al cementerio'.

"—Pero, papá —respondimos—, ¡son las once de la noche! ¡No podemos ir al cementerio ahora!

"Él alzó la voz y con una mirada vidriosa dijo:

"—No discutan conmigo, por favor, no discutan con el hombre que acaba de perder a la que fue su esposa por cincuenta y cinco años.

"Se produjo un momento de respetuoso silencio. No discutimos más. Fuimos al cementerio, pedimos permiso al velador y con una linterna llegamos a la lápida.

"Mi padre la acarició, oró y nos dijo a sus hijos que veíamos la escena conmovidos:

"—Fueron cincuenta y cinco buenos años... ¿Saben?, nadie puede hablar del amor verdadero si no tiene idea de lo que es compartir la vida con una mujer así.

"Hizo una pausa y se limpió la cara.

"—Ella y yo estuvimos juntos en aquella crisis. Cambio de empleo continuo. Hicimos el equipaje cuando vendimos la casa y nos mudamos de ciudad.

"Compartimos la alegría de ver a nuestros hijos terminar sus carreras, lloramos uno al lado del otro la partida de seres queridos, rezamos juntos en la sala de espera de algunos hospitales, nos apoyamos en el dolor, nos abrazamos en cada Navidad y perdonamos nuestros errores...

"Hijos, ahora se ha ido y estoy contento, ¿saben por qué? Porque se fue antes que yo, no tuvo que vivir la agonía y el dolor de enterrarme, de quedarse sola después de mi partida.

"Seré yo quien pase por eso, y le doy gracias a Dios. La amo tanto que no me hubiera gustado que sufriera.

"Cuando mi padre terminó de hablar, mis hermanos y yo teníamos el rostro empapado de lágrimas. Lo abrazamos y él nos consoló:

"—Todo está bien, hijos; podemos irnos a casa, ha sido un buen día.

"Esa noche entendí lo que es el verdadero amor. Dista mucho del romanticismo, no tiene que ver demasiado con el erotismo; más bien se vincula al trabajo y al cuidado que se profesan dos personas realmente comprometidas".

Cuando el maestro terminó de hablar, los jóvenes universitarios no pudieron debatirle. Ese tipo de amor era algo que no conocían.

Anónimo

Ser mujer es luchar, hombro a hombro, junto a la persona amada para alcanzar en toda su plenitud los objetivos anhelados; es dejar huella en la vida de personas que se cruzaron en su camino y hacer que su esencia haga eco por toda la eternidad en sus corazones, como un ejemplo de alegría, éxito, amor y hambre de disfrutar la vida.

E. V. A.

Me enamoré de mi mujer y nunca más me volví a enamorar. La fidelidad te la propones inconscientemente: tienes una familia, unos hijos. ¿Cómo vas a jugar al amor por ahí?

Paco de Lucía

El cielo no será el paraíso para mí si ahí no encuentro a mi esposa.

Andrew Jackson

La vida se achica o se expande en proporción al valor personal.

Anais Nin

— ✂ —

Liliane Bettencourt (1922) es la mujer más acaudalada de Europa y del mundo según *Forbes*, con una fortuna personal de 13,300 millones de dólares en 2009. Ella y el grupo Nestlé son los principales accionistas de L'Oréal. Es francesa e hija del fundador de la multinacional de cosméticos Eugène Schueller. ∽ —

AMIGA O ENEMIGA

¿Cómo has estado? Soy tu mejor amiga, pero también puedo ser tu peor enemiga; tú tienes la elección sobre de qué lado me quieres tener.

He estado acompañándote en el transcurso de tu vida. Desde que eras un bebé te ayudé a dar tus primeros pasos; recuerdo que eras un pequeño persistente, caíste varias veces, lloraste o reíste, pero siempre te esforzaste hasta alcanzar tu propósito. No entiendo por qué algunos adultos no siguen la actitud de los bebés. La gran mayoría de ellos cae y no hace nada para levantarse; su vida está en buscar pretextos, culpando a los demás de sus fracasos.

He permanecido a tu lado en los momentos más trascendentes de tu existencia.

¿Recuerdas cuando conociste a tu novia y yo te ayudé a conseguir su amor? Por mí fue que culminaste tus estudios y cumpliste aquellas promesas que empezaron en el año nuevo. Al final, ¡qué trabajo nos costó!, pero logramos sacarlas avante.

Y aquellos sueños, aquellos anhelos, aquellos ideales que parecían imposibles son ya una realidad. Conmigo los imposibles son las realidades del mañana. Siempre he estado en tus triunfos y victorias. Soy el inicio de tus sueños y el final de tus éxitos. Gracias a mí encontraste la estrella que guió tu destino por el sendero de la felicidad.

Los grandes hombres de la historia me han compartido, han luchado contra mí como el vaquero trata de domar a un caballo salvaje, pero al final nos hemos convertido en los mejores amigos.

Quiero manifestarte que estoy muy triste; últimamente te has desentendido de mí, me has echado a un lado; tal parece que ya no nos entendemos; las comodidades nos han alejado, no quieres esforzarte, has descuidado tu imagen, tu arreglo, has engordado, quieres tener todo sin esforzarte por nada, así no vas a contar conmigo; recuerda que yo nunca estaré al lado de un fracasado.

¿Me preguntas si soy elitista?

Claro que soy elitista, a mí me interesan mis amistades; recuerda "que más vale sola que mal acompañada".

Las personas mediocres me fastidian, me desesperan, me dan tristeza; pero yo sé que tú naciste para ser exitoso, tienes las cualidades para ser extraordinario. Cambia, y con gusto te volveré a acompañar y juntos retomaremos esa vida que has abandonado; volveremos a visitar a nuestros seres queridos, a hacer ejercicio, culminaremos nuestros estudios, seremos más productivos en el trabajo, culminaremos nuestros propósitos de año nuevo, lograremos nuestras metas y objetivos; te prometo que todos los sueños que hoy emprendamos los haremos realidad.

¿Que quién soy?
Tu amiga, la perseverancia.

P. D. Otros me llaman *fuerza de voluntad, tena-cidad*; tú dime como quieras, pero siempre llévame contigo, pues si me dejas, me pondría muy triste.

E. V. A.

Ser mujer es aprender a ser perseverante y a alcanzar todos los objetivos que se le presenten en la vida, por pequeños que sean; es no dejarse derrotar al primer intento y entender que en la for-taleza para cumplir sus metas y pretensiones se encuentra la magia de su esencia.

E. V. A.

En la pugna entre el arroyo y la roca, siempre triunfa el arroyo... no porque sea muy fuerte, sino porque persevera..

H. Jackson Brown

Las pinturas modernas son como las mujeres: nunca las disfru-tarás si tratas de entenderlas.

Anónimo

Los grandes son grandes porque nosotros estamos de rodillas. ¡Levantémonos!"

Pierre-Joseph Proudhon

—————————————— ଛଠ ——————————————

Maria Cunitz (1604-1664), astrónoma de Silesia. Fue conocida como la Palas de Silesia por sus aportaciones culturales, y su principal obra, escrita en alemán y latín, *Urania propitia*, ganó gran reputación en Europa durante aquella época. Un cráter topográfico del planeta Venus, el Cunitz Crater, fue bautizado así en su honor. ଛ ——

Rosas para mi amor

Las rosas rojas eran sus favoritas. Su nombre también era Rosa.

Cada año, su esposo se las mandaba atadas con un gran moño.

El año en que él murió le entregaron las rosas a su puerta con una tarjeta que decía: "Sé muy valiente, igual que los años anteriores".

Cada año, su esposo le mandaba rosas y la tarjetita siempre decía: "Te amo más este año que el pasado y, en especial, este día. Mi amor hacia ti crecerá más y más cada año que transcurra".

Ella sabía que ésta sería la última vez que recibiría rosas y pensó que tal vez las había ordenado antes de morir, puesto que no sabía lo que podría suceder.

A él siempre le gustaba adelantarse, previniendo que llegaran en la fecha indicada, por si acaso estuviera muy ocupado ese día.

Por eso, ella las recibió, cortó los tallos y las colocó en un florero muy especial que puso al lado de su retrato. Después se sentó horas enteras viendo el retrato y las flores.

Pasó un año y era muy difícil vivir sin su pareja. La soledad la había invadido y parecía su destino. Pero, entonces, igual que en otros días de San Valentín, sonó el timbre de la puerta y encontró de nuevo las rosas. Entró con ellas en las manos y, con gran asombro, tomó el teléfono y llamó al florista.

Le contestó el dueño y ella le pidió que le explicara... ¿Quién quería causarle tanto daño?

La respuesta fue:

—Sé que su esposo murió hace más de un año y sabía que usted me llamaría; las flores que acaba de recibir fueron previamente pagadas. Su esposo siempre adelantaba las cosas sin dejar nada al devenir. Hay un pedido en su expediente, pagado por adelantado, para que reciba estas flores cada año.

"También debe saber otra cosa. Hay una notita especial escrita en una tarjeta hecha hace muchos años. En ella dice que si yo me enterase de que él ya no está, esa tarjeta se la debía enviar a usted al año siguiente".

Rosa se mostró agradecida y colgó hecha un mar de lágrimas; lentamente y con las manos temblorosas, tomó la tarjeta con la nota. Se quedó viendola en silencio total. Leyó lo siguiente".

"Hola, mi amor, sé que hace más de un año que me fui. Espero no haya sido muy penoso recuperarte. Sé lo solita que debes de estar y sé que el dolor es verdadero, pues si fuera diferente, sé cómo me sentiría.

"El amor que compartimos hizo que todo en la vida se viera hermoso. Te quise más de lo que cualquier palabra puede expresar. Tú fuiste la esposa y compañera perfecta, fuiste mi amiga y amante, llenaste todo lo que anhelaba.

"Sé que sólo ha pasado un año, pero te pido que por favor seas fuerte y no sufras más.

"Quiero que seas feliz, aunque derrames lágrimas. Por eso las rosas te llegarán todos los años. Cuando las recibas, piensa en la felicidad que tuvimos juntos y cómo fuimos bendecidos.

"Siempre te amé y te seguiré amando, pero tú tienes que seguir viviendo.

"Por favor, trata de encontrar felicidad mientras vivas. Sé que no será fácil, pero también sé que encontrarás la forma.

"Las rosas te seguirán llegando cada año, hasta el día en que no haya quién abra la puerta. El florista ha recibido instrucciones de tocar a tu puerta cinco veces el mismo día por si saliste. El día que ya nadie la abra sabrá adonde llevar las flores... Donde estaremos reunidos".

Anónimo

Ser mujer es saber brindar un poema, una canción, una frase o un detalle que la hace fuente de iluminación y lleva a un mundo mejor, donde siempre reinarán la pasión, el encanto y el amor. Ser mujer es tener el toque divino que motiva, atrae e inspira.

E. V. A.

La mujer es más como la noche. Te rodea, te envuelve, te ahoga, sin ofenderte y ni siquiera tocarte.

Osho

El hombre tiene la supremacía; la mujer, la preferencia.

Anónimo

Lucha mental significa pensar contra la corriente, no con ella.

Virginia Woolf

———————————— ☙ℭ ————————————

Isabel I de Trastámara, llamada la Católica (1451-1504). reina de Castilla y de León, también reina consorte de Sicilia y de Aragón. De su reinado destacan la reordenación de las cortes de Toledo, el integrismo religioso, la expulsión de los judíos y el apoyo a la empresa americana de Colón y la conquista del reino de Granada. ∞ ———

Cómo fracasar en la vida

Caminando sobre la arena del mar, un hombre encontró una botella, dentro de la cual había un pergamino que contenía las diez reglas para fracasar en la vida; de esa manera, si quería triunfar, debía evitar esas instrucciones a toda costa.

Al terminar de leer el pergamino, el hombre comprendió que todo lo que había hecho hasta ese momento sólo lo podía llevar por el camino de la mediocridad, así que decidió enmendar su destino hacia los albores de la excelencia y legó tan valioso documento a la humanidad, cuyo contenido es el que sigue:

Ábrase sólo en caso de que pretenda saber cuán lejos se encuentra del éxito.

Siga estos pasos y seguro se convertirá en un fracasado.

Reglas para fracasar en la vida

1. En primer lugar, no estudie, no lea libros que lo ayuden a superarse, no asista a ningún curso, no vaya a ninguna institución educativa deje que la indolencia se apodere de usted; total, mañana tal vez empiece a prepararse.

2. Nunca planee, permita que la vida lo lleve por donde a ella se le antoje, ser reactivo le evitará la flojera de pensar por los demás; tal vez el día de mañana se una con otras personas y le echen a perder todo a aquella persona que sí planeó.

3. Piense negativamente, échele la culpa a los demás o al destino de su mediocridad, pase el tiempo pensando que usted no es más que un mártir de la existencia.

4. Ríase de los demás, diga groserías, grite, aprenda a intimidar a otros, no se relacione y siga pensando que usted es mejor que la gente que ha alcanzado el éxito; al fin y al cabo, sólo va a observar lo que los demás disfrutan y usted no tiene.

5. Olvídese de los buenos hábitos; no haga ejercicio, crea que entre más le crece el abdomen, más *sexy* se verá; no llegue temprano al trabajo, que lleguen los que quieren quedar bien con el jefe; no lea, a menos que sean novelas baratas o pornografía.

6. Siga soñando en que se va a sacar la lotería, en que va a heredar a un pariente millonario que ni siquiera conoce, en que se va a acabar la crisis; total, mientras usted sueña, hay otros que actúan para alcanzar sus metas.

7. Beba hasta embrutecerse para que golpee a su esposa, hijos o parientes, fume o inhale cualquier droga para que cometa delitos y verá que pronto acaban por abandonarlo o termina preso por algún ilícito.

8. Aprenda a ser un desorganizado; cuando sus amigos o parientes lleguen a visitarlo, que vean su casa sucia, las camas sin tender, la cocina llena de cocham-

bre, la ropa tirada por todos lados; siga el mismo estilo en la oficina; total, si lo quieren, que sea tal como es: ¡un mugriento!

9. Crezca con la falsa idea de que usted siempre tiene la razón; no escuche a los demás, salvo que lo adulen; olvídese de la humildad y cuando digan que usted es un patán, pedante, egocéntrico, no se enoje... Tal vez, digan la verdad.

10. Jamás piense en los valores espirituales, no rece, no crea en Dios, ni enseñe a sus hijos a hacerlo y verá el vacío inmenso que tendrá; en toda su existencia le faltará el amor del Señor.

Atentamente
Su destino
E. V. A.

Ser mujer es superarse día a día en cualquier tarea que emprenda; pensar positivamente y planear cada uno de los pasos que va a dar; tener excelentes hábitos y soñar con un mundo mejor; ser organizada y reconocer cuando se equivocó; tener valores espirituales que la acerquen a las personas que ama y a sus semejantes.

E. V. A.

Cuando una mujer se rinde, es porque ha vencido.

Aldo Cammarota

En el rocío de los pequeños detalles, el corazón humano encuentra el frescor de sus mañanas.

Gibrán Jalil Gibrán

*Trabajo pesado es por lo general la acumulación de tareas livia-
nas que no se hicieron a tiempo.*

Henry Cooke

———————— ✍ ————————

Juana I de Castilla, conocida como la Loca (1479-1555),
reina de Castilla, archiduquesa de Austria, duquesa de
Borgoña y Brabante y condesa de Flandes. Reina propie-
taria de Castilla y de León, Galicia, Granada, Sevilla,
Murcia y Jaén, Gibraltar, de las Islas Canarias y de las In-
dias Occidentales, de Navarra y Aragón, Nápoles y Sicilia, además de otros títulos, como condesa de Barcelona
y señora de Vizcaya, heredados tras la muerte de sus padres, con lo cual unió definitivamente las coronas que
conformaron España. ☞ —————————————

EL TENEDOR

Había una mujer diagnosticada con una enfermedad incurable a la que le habían dado sólo tres meses de vida, así que empezó a poner sus cosas en orden. Contactó a su sacerdote y lo citó en su casa para discutir algunos aspectos de su última voluntad. Le dijo qué canciones quería que se cantaran en su misa de cuerpo presente, qué lecturas hacer y con qué traje deseaba ser enterrada. La mujer también solicitó ser enterrada con su libro favorito.

Todo estaba en orden y el sacerdote se preparaba para irse, cuando la mujer recordó algo muy importante para ella.

—Hay algo más —dijo exaltada.

—¿Qué es? —preguntó el sacerdote.

—Esto es muy importante —continuó la mujer—, quiero ser enterrada con un tenedor en mi mano derecha.

El sacerdote se quedó confundido mirando a la mujer, sin saber exactamente qué decir.

—Eso lo sorprende, ¿o no? —preguntó la mujer.

—Bueno, para ser honesto, estoy intrigado con la solicitud —dijo el sacerdote.

La mujer explicó:

—En todos los años que he asistido a eventos sociales y cenas de compromiso, siempre recuerdo que cuando se retiraban los platos del platillo principal, alguien, inevitablemente, se agachaba y decía, "quédate con tu tenedor". Era mi parte favorita, porque sabía que algo mejor estaba por venir, como pastel de chocolate o pay de manzana. ¡Algo maravilloso y sustancioso! Así que quiero que la gente me vea dentro de mi ataúd con un tenedor en mi mano y quiero que se pregunten "¿por qué tiene ese tenedor?". Después, quiero que usted les diga: "Se quedó con su tenedor, porque lo mejor está por venir".

Los ojos del sacerdote se llenaron de lágrimas de alegría, mientras abrazaba a la mujer, despidiéndose.

Él sabía que ésta sería una de las últimas veces que la vería antes de su muerte, pero también sabía que la mujer tenía un mejor concepto del Cielo que él mismo.

Ella sabía que algo mejor estaba por venir.

En el funeral, la gente pasaba por el ataúd de la mujer y veían el precioso vestido que llevaba, su libro favorito y el tenedor puesto en su mano derecha.

Una y otra vez el sacerdote escuchó la pregunta: "¿qué cosa con el tenedor?", y una y otra vez él sonrió.

Durante su mensaje, el sacerdote les platicó a los asistentes la conversación que había tenido con la mujer poco tiempo antes de que muriera. Les habló acerca del tenedor y qué era lo que simbolizaba para ella. Les confesó que él no podía dejar de pensar en el tenedor.

También les dijo que, de seguro, ellos tampoco podrían dejar de pensar en el tenedor.

El sacerdote estaba en lo correcto. Todos pensaban en el tenedor.

Anónimo

Ser mujer es saber valorar cada uno de los momentos que le presenta el destino y darle su justa dimensión; es no cargar prejuicios que la llenen de amarguras, resentimientos, complicaciones que hagan de su vida una carga que no le permita disfrutar. Ser mujer es regocijarse hasta en los últimos instantes que le depare el porvenir.

E. V. A.

Me gusta contemplar a los hombres geniales y escuchar a las mujeres hermosas.

Oscar Wilde

Dios hizo para el hombre un trono; para la mujer, un altar.

Anónimo

La amistad que se basa sólo en la gratitud es como una fotografía: con el tiempo se desvanece.

Carmen Sylva

———————— ✿ ————————

Ana Bolena, reina consorte de Inglaterra (1507-1536). Fue la segunda esposa del rey Enrique VIII y la madre de la reina Isabel I. El matrimonio de Enrique y Ana, y la subsiguiente ejecución de ella, formaron parte del complejo comienzo de la considerable agitación política y religiosa que fue la Reforma inglesa, con Ana participando activamente en la promoción de la causa de la reforma de la Iglesia. La han llamado "la reina consorte más influyente e importante que Inglaterra ha tenido nunca". Su vida ha sido adaptada en numerosas novelas, obras de teatro, canciones, óperas, dramas de televisión y películas. ☜ ————————————————

∞

Cuando me vaya
de tu lado, aprenderás...

Querida hija:

Cuando me vaya de tu lado, aprenderás... que sólo hay un momento para vivir, para disfrutar a tus seres queridos y dar lo mejor de ti.

Que los detalles que tuve con los demás fueron pequeños, pero van a hacer eco en sus corazones por toda la eternidad.

Cuando me vaya de tu lado, aprenderás... que no te dejé sola, siempre te acompañarán mi amor, mis consejos y mi manera de pensar.

Que los principios y valores que te legué nos van a unir en forma inmanente y cuando tengas un problema o recibas un reconocimiento, yo voy a estar contigo, tú conmigo y lloraremos juntas.

Cuando me vaya de tu lado, aprenderás... que tú y yo formamos un solo ser y voy a estar presente en tus gestos, risas, enojos y hasta en esa forma romántica de pensar.

Y que todo el inmenso amor que siento por ti, va a estar presente en cada instante de tu existir.

Cuando me vaya de tu lado, aprenderás... que mis caricias, mis consejos y mis rabietas no han sido en vano, porque han forjado tu temple y curtido tu personalidad.

Cuando me vaya de tu lado, aprenderás... que aquellas cosas que te obligaba a hacer y que te fastidiaban de mí ahora te las van a reprochar tus hijos y los demás.

Y cuando cargues a tus pequeños o le des un consejo a tu hijo adolescente, hasta en esos momentos te vas a acordar de mí.

Cuando me vaya de tu lado, aprenderás... que voy a extrañar tus piernas regordetas cuando eras bebé; el día que atrapaste con tus deditos mi mano y aprisionaste mi corazón; tus piropos y besos de niña; tus enojos de mocedad, tus tristezas de adulto y el enorme número de satisfacciones que me diste con tu existir.

Y aprenderás que, simplemente, me adelanté por un tiempo y que en otra etapa estaremos siempre juntos y alegres, recordando aquellos momentos felices.

Y aprenderás que detrás de un consejo, una lágrima o una alegría inesperada, estaré yo, haciendo de tu vida el más hermoso de los milagros.

Y aprenderás que siempre he estado contigo, más de lo que te imaginabas.

Mi amor, ahora estoy con Dios y tú no estás sola... Tal vez no esté presente físicamente, pero recuerda que yo, siempre, siempre, te voy a acompañar.

Cuando me vaya de tu lado, aprenderás...

E. V. A.

Ser mujer es saber entender que la vida es un milagro, que el tiempo curte tu carácter y forja tu personalidad, que los detalles que obtuvimos de otras personas nos van a ligar a ellos inmanentemente y que algún día, en algún lugar, volveremos a ver a aquellos que amamos, que un día partieron y regresarán para estar con nosotros por toda la eternidad.

E. V. A.

Dios ha creado a la mujer y la mujer ha creado el hogar.

Proverbio

El hijo es hijo hasta que tiene esposa. La hija es hija todos los días de su vida.

Thomas Fuller

Orar es abrir el alma a Dios para que él nos pueda hablar.

Georgia Harkness

———————————— ဆာ ————————————

Gabrielle Coco Chanel (1883-1971) fue una revolucionaria diseñadora francesa de modas y creadora de perfumes. Su verdadero nombre era Gabrielle Bonheur.

Situaciones muy dispares hicieron que su vida quedase marcada por la pobreza, el abandono, el amor, la genialidad y la fama. ∞ ————————————

☙

Cosas de mamá

Se cuenta que San Pedro, muy preocupado al notar la presencia de algunas almas a las cuales no recordaba haberlas hecho pasar al Cielo, se puso a investigar y encontró el lugar por donde entraban.

Fue entonces ante el Señor y le dijo:

—Señor Jesús, habiendo observado que hay aquí algunas almas a las que no recuerdo haberles abierto las puertas para que entraran a gozar de la eterna felicidad, hice algunas investigaciones y hallé un hueco por donde entran. Yo quisiera que lo vieras.

Aceptó Jesús acompañarlo y vio que del hoyo descubierto colgaba hacia la tierra un inmenso rosario por donde constantemente subían muchas almas. Alarmado, le dijo San Pedro:

—Creo, Señor, que debemos cerrar esa entrada de…

—No, no —le respondió Jesús—, ¡déjalo así! Ésas son cosas de mamá.

Anónimo

Ser mujer es tenderle la mano al necesitado; ayudar al oprimido; alentar al sobajado e impulsar al que ha perdido la fe en sí mismo; porque en su ser no sólo tiene la gracia de dar vida, sino también de dar luz a cada una de las personas que se cruzan en su vida. La mujer es un milagro que quiso otorgarnos Dios para iluminar la faz de la tierra.

E. V. A.

Todos tienen talento. Lo raro es el valor para seguir a ese talento al oscuro lugar al que nos lleva.

Erica Jong

La fuerza hidráulica más poderosa del universo es la lágrima de una mujer.

Carlos Fisas

Creo que nadie es más digno de compasión que quien no saca de su trabajo más que su paga.

Edna Kerr

————————— ℘℘ —————————

Matilde Petra Montoya Lafragua (1859-1938), primera médica mexicana, fue muy importante en el impulso para que otras mujeres estudiaran medicina en una época en que la sociedad reprobaba la participación de la mujer en actividades fuera del hogar. Se llegó al grado de apedrear a las mujeres que estudiaban medicina. Se hizo necesario unirse para apoyarse; en adelante, iban acompañadas por otras médicas al examen de cada una, para hacer frente a las agresiones de que eran objeto. Participó en asociaciones femeninas, como el Ateneo Mexicano de Mujeres y Las Hijas de Anáhuac, pero no fue invitada a ninguna asociación o academia médica, aún exclusivas de los hombres. ∞ ————————————

ATRÉVETE A SER FELIZ

Mary acababa de perder a su amado esposo. No se daba cuenta, pero también estaba perdiendo a su hijo Ricky.

Mary, desde aquel triste acontecimiento, se la pasaba llorando por la ausencia de Mario, su amado esposo, que la había hecho tan feliz por muchos años.

A Ricky constantemente le decía que lo quería, cosa que no era cierta, porque sólo eran las palabras y no los hechos los que hablaban por ella.

Ricky había cambiado bastante. Aquel joven alegre, juvenil, dicharachero y bien vestido ya no era el mismo; ahora era triste, melancólico, quejumbroso y con la ropa roída y sucia.

Tal parece que ninguno de los dos escuchó la última voluntad de Mario, que les pidió ser muy felices. Ambos mintieron, porque a partir de aquel instante, la melancolía y la indiferencia se quedaron a vivir en su hogar.

El 12 de diciembre, Mary fue a rezarle a la Virgen de Guadalupe y se despidió con displicencia de Ricky. Después de escuchar misa, en la salida de la iglesia se encontró a una señora de ojos hermosos, quien le ofreció una flor y le dijo:

—Toma, hija mía, ya no estés triste, toma esta rosa y obséquiasela al ser que más quieres en la vida, abre tu corazón y la vida te sonreirá.

Mary tomó la rosa, dio gracias a la mujer y pensó automáticamente en su hijo. Por lo regular, después de misa iba a visitar a su marido al panteón, pero un fuerte impulso cambió su itinerario y decidió ir con su hijo para obsequiarle aquella bella flor.

Mary llegó sonriente a su hogar y por primera vez, desde la muerte de Mario, observó a su hijo y le dijo llorando:

—Mira, nada más, cómo te has puesto: te ves más delgado, tu ropa está sucia y roída, tu rostro se ve triste y cansado. ¿Cómo es posible que te haya descuidado tanto? Perdóname, hijo. ¿Sabes?, una señora me dio esta flor y me pidió que se la obsequiara a la persona que más quiero en la vida y pensé en ti; te amo, hijo.

—Gracias, mamá —expresó Ricky, mientras las lágrimas brotaban sin control de su pálido rostro.

Mary tomó la rosa y la puso en un florero. Para su sorpresa, al lado de éste había un frasco de veneno.

—¿Qué es esto? —preguntó Mary.

Ricky contestó:

—Mamá, era tanta la indiferencia que sentía de ti y extraño tanto a papá, que pensé en quitarme la vida; si no hubieras llegado antes, en estos momentos estaría muerto; me acabas de salvar la vida.

Aquel día lloraron inconsolables. Mary se había arrepentido y había recuperado a su hijo. Ricky recuperó el amor y la atención de su mamá. Por primera vez, desde que falleció Mario, ambos cumplieron su palabra siendo felices.

Éste es un buen momento para decirle a un ser querido cuánto lo amas.

E. V. A.

Ser mujer es atreverse a ser feliz por más duros que sean los tiempos; a demostrar su grandeza dentro de la sociedad y alcanzar el lugar más alto en el peldaño de los triunfadores, enarbolando la bandera que la distingue del resto del mundo: la bandera de ser mujer, ésa que portan mujeres con estirpe, grandeza y excelencia.

E. V. A.

La mujer es la única flor que brota y crece sin la ayuda de las estaciones.

Gibrán Jalil Gibrán

La mujer superior piensa siempre en la virtud, la mujer vulgar en la comodidad.

Confucio

El amor no tiene nada que ver con lo que esperas conseguir, sólo con lo que esperas dar; es decir, todo.

Katharine Hepburn

Mujeres del mundo que viven en hogares donde el hombre no ha desempeñado su función satisfactoriamente, dejándole toda la carga a la mujer, quien educa, cría, sostiene, aconseja, reprende y sustenta. Ellas han luchado contra el machismo y se han ganado una posición en el hogar, en el deporte, en la industria, en la educación, en cualquier trabajo donde tengan que desempeñar una actividad. Ésas son las mujeres más grandes que nos ha legado la historia. ∽

FUENTES

Las fuentes de la presente obra han sido diversas, por lo que quiero expresar mi gratitud a todos aquellos que autorizaron los derechos para incluir sus historias en este libro.

Enrique Villarreal Aguilar

ÍNDICE

Títulos que recomendamos

Los años difíciles
Anne Chatelain

Escuela para padres
Cómo desarrollar la autoestima en los niños de 0 a 6
años, de 6 a 12 años y en los adolescentes
Danielle Laporte, *et al.*

La familia recompuesta
Marie-Christine Saint-Jacques y Claudine Parent

La lectura para el desarrollo infantil
Marcela Magdaleno

Ansiedad infantil
Chantal Baron

Vivir con valores
Gretel García y Eduardo Torrijos

Me duele la escuela
Marie-Claude Béliveau

Grandeza de ser mujer, de Enrique Villarreal,
fue impreso y terminado en julio de
2009 en Encuadernaciones Maguntis,
Iztapalapa, México, D. F. Teléfono: 5640 9062.
Formación: Sara Castillo Salinas.